Dios,
¡Sana a mi nación!

Dios quiere usarte para sanar tu nación

Dios,
¡Sana a mi nación!

Dios quiere usarte para sanar tu nación

DAVID GRECO

EDITORIAL **Vida**
DEDICADOS A LA EXCELENCIA

©2002 EDITORIAL VIDA
Miami, Florida 33166

Edición: *Pablo Giovanini*
Diseño de cubierta: *The Store Co.*
Diseño interior: *Grupo Nivel Uno Inc.*

ISBN Country overlay:

082973726X	*Argentina*
0829737278	*México*
0829737367	*Puerto Rico*
0829737286	*Dominicana*
0829737294	*Guatemala*
0829737308	*Costa Rica*
0829737316	*Cuba*
0829736778	*Colombia*
0829737375	*USA*
0829736565	*Soft Cover*
0829737383	*Hard Cover*

Impreso en Estados Unidos de América
Printed in the United States of América

02 03 04 05 06 07 ❖ 07 06 05 04 03 02 01

Editorial Vida
8325 NW. 53rd St., Suite #100
Miami, Florida 33166-4665

Vidapub.sales@zondervan.com
http://www.editorialvida.com

CONTENIDO

DEDICATORIA

Le dedico este libro al Rey de las naciones, Jesús, el Hijo de Dios.

A él sea la gloria, el poder, la honra y el dominio por los siglos de los siglos.

Mi Señor, un día toda rodilla se doblará y toda lengua confesará que tú eres el Rey, el Mesías, el Hijo de Dios, el Señor de señores.

Amén.

RECONOCIMIENTOS

A mi esposa Denise, por su paciencia y amor, por su dedicación a nuestros hijos y por su sometimiento a Dios en momentos difíciles.

A mi hermano Rubén. Este libro no habría sido posible sin tu motivación, tu esfuerzo ni tus ideas.

A Esteban Fernández y al personal de Editorial Vida. Gracias por la paciencia.

A Pablo Giovanini, editor. Gracias por tu sacrificio.

A Mariel, sos una bendición de Dios.

A mis compañeros de ministerio en las naciones, mis hermanos pastores y maestros, evangelistas, profetas y apóstoles que diariamente cargan con la visión de sus naciones.

A los intercesores, a los que oran constantemente sin ver resultados, esperando el día en que Dios sane a sus naciones.

INTRODUCCIÓN

DIOS, ¡SANA A MI NACIÓN!

Durante los últimos meses del año 2001, comencé a sentir una gran inquietud en mi corazón por la situación que atraviesan las naciones de la tierra.

Vivo en el área metropolitana de Nueva York. Después de la tragedia del 11 de septiembre, hecho que cambió a mi ciudad para siempre, comencé a buscar la dirección de Dios para mi vida, mi familia y mi ciudad como nunca lo había hecho. Este acontecimiento no solo afectó a la ciudad de Nueva York, sino que cambió el rumbo de muchas naciones. Algunas, aprovechando esta crisis internacional, se han unido para iniciar o recrudecer guerras. Grupos guerrilleros en Sudamérica han decidido abandonar las negociaciones de paz con sus gobiernos. En Colombia, esto ha guiado al gobierno a lanzar una guerra abierta contra los ejércitos insurgentes. Varias naciones islámicas han decidido acelerar la carrera armamentista con el fin de tener a su disposición una «bomba nuclear musulmana». Esta terrible amenaza ha hecho que las naciones desarrolladas comiencen a prepararse para un enfrentamiento bélico. En Medio Oriente, Palestina ha decidido seguir el camino del terrorismo contra el Estado de Israel y ambos han abandonado el proceso de paz. Otras naciones han sufrido desastres económicos debido a una recesión globalizada.

Durante todo 2001 tuve la oportunidad de ministrar a varias naciones el mensaje de sanidad de los corazones.

Mi tercer libro, *Corazones Sanados*, fue muy bien recibido y miles de copias se están distribuyendo a lo largo del mundo iberoamericano. Este año, en el mes de agosto, comencé a escribir para Editorial Vida un libro dirigido a los líderes, pero algo me frenaba. Aunque todo el material estaba preparado, al sentarme a escribir, las ideas no fluían.

De repente, llegó el 11 de septiembre. Esa mañana terrible, varios amigos llamaron a mi hogar preguntando si había llegado de mi viaje. Estaban preocupados porque habían visto los reportes sobre el primer avión estrellado contra una de las Torres Gemelas y pensaron que yo podría estar en él. Rápidamente prendimos la televisión, sintonizamos las noticias y el resto es historia. Durante los siguientes días traté de escribir pero no podía. Como Pablo en Troas, no tenía reposo en mi espíritu (2 Corintios 2:13). Preocupado porque ya había llegado a un acuerdo con la editorial, el Espíritu Santo habló a mi vida. Me di cuenta de que en los últimos tres meses había hablado acerca de la sanidad del corazón, la sanidad de la Iglesia de Jesucristo y como resultado, la sanidad de ciudades y naciones.

Veinticuatro días antes de la tragedia de Nueva York, un grupo de pastores de esa ciudad con carga profética, tomó un día entero para orar por ella junto con más de tres mil intercesores. En aquel día de intercesión denominado «Atando al Hombre Fuerte», cuatrocientos intercesores oramos desde un barco que navegó toda esa mañana a través del río que rodea a Nueva York. Al mismo tiempo, cinco intercesores oraban desde un helicóptero declarándola ciudad de Dios. Finalmente nos reunimos por la tarde en un parque central para orar como representantes de la Iglesia y declarar que Dios sana a la ciudad. ¿Quién podía imaginar lo que estaba por suceder?

Entendí que Dios preparaba mi corazón para proclamar el mensaje de sanidad a las naciones. En ese momento llamé a mi hermano Rubén y le informé que en medio de la crisis, el dolor y la incertidumbre, Dios quería que la palabra de fe y restauración a las naciones se publicara.

Al día siguiente tuve la oportunidad de visitar la Zona Cero, el lugar donde las Torres Gemelas del World Trade Center estuvieron por años. Al ver los escombros, respirar el humo que permeaba toda la zona y sentir el olor a muerte, mi corazón lloró. Ante mis ojos estaba una herida profunda: Nueva York necesitaba la sanidad de Dios. Ese día decidí escribir este libro.

Pocas semanas después, se desató el conflicto en Medio Oriente. Luego la economía de la República Argentina quebró. Apenas transcurridos unos pocos meses del año 2002, las economías de las naciones más ricas empezaron a temblar, las negociaciones de paz en Medio Oriente desaparecieron, extremistas religiosos parecen preparados para un enfrentamiento global y las esperanzas de muchas naciones se esfuman. ¿Qué está sucediendo?

Expertos en Medio Oriente culpan a Israel y a las naciones que la apoyan. Con esto tratan de darle sentido a los ataques terroristas y al extremismo islámico. También traen a colación algunos acontecimientos de la historia como las cruzadas, las persecuciones religiosas de cristianos a musulmanes, de cristianos a otros credos y sugieren que el odio y el resentimiento son la base de la violencia y el terrorismo mundial.

Algunos hablan acerca de la enorme disparidad entre las naciones pobres y las ricas y sugieren que haya una redistribución equitativa de las riquezas entre las naciones de la tierra. Muchos creen que, debido a la pobreza y a la enorme riqueza acumulada por las naciones superdesarrolladas, habrá un enfrentamiento violento. Y ya hay indicios de eso.

Otros explican que el problema es la superpoblación del planeta y sugieren controlarlo porque, de no hacerlo, no habrá suficiente comida y recursos naturales para que sobrevivan los miles de millones que lo habitan.

A todo esto, ¿qué dice nuestro Dios en su Palabra? ¿Qué debe decir la Iglesia del Señor Jesucristo? En esta obra hablaré acerca de lo que la Biblia dice y de lo que la Iglesia de Jesús, su testimonio vivo entre las naciones, debe proclamar a voz en cuello: ¡Dios quiere sanar a tu ciudad, Dios quiere sanar a tu nación!

«Y será predicado este evangelio
del reino en todo el mundo, para
testimonio a todas las naciones;
y entonces vendrá el fin».
Mateo 24:14

Estas buenas noticias que vienen del reino de Dios serán publicadas mundialmente como una evidencia a todas las naciones de que el fin se acerca. ¿Quién lo hará? Los discípulos de Jesucristo de este tiempo.

Jesús usa la palabra «testimonio», que significa «evidencia». Sus discípulos serán la evidencia de Jesús, los testigos de Cristo en la tierra, que anunciarán las buenas nuevas:

Dios sanará los corazones, Dios sanará a las naciones. Este no será otro mensaje u otro emprendimiento evangelístico. Este anuncio será acompañado con evidencias: ¡La sanidad de las naciones!

CAPÍTULO 1

LAS NACIONES NECESITAN SANIDAD

*Se hundieron las naciones en el hoyo
que hicieron; en la red que escondieron
fue tomado su pie. Jehová se ha
hecho conocer en el juicio que
ejecutó; en la obra de sus manos
fue enlazado el malo.*
Salmo 9:15-16 (RVR 60)

Cuando Dios habla acerca de las naciones, usa la palabra *goyim* que significa «gentiles». Esta se usa para hacer una distinción entre las naciones gentiles y el pueblo de Dios, Israel. Se emplea para distinguir entre la gente que adora al Dios de Abraham, Isaac y Jacob, y los paganos.

En la actualidad, este pasaje se refiere a las naciones de la tierra, los pueblos que no tienen al Dios de Israel y a su Hijo Jesucristo como centro de sus gobiernos, de sus culturas y de sus decisiones. Estas naciones están influenciadas por dos corrientes: el secularismo y el animismo.

Las naciones dominadas por el secularismo que no adoran al Dios de la Biblia, están fundamentadas en las siguientes ideas:

•El hombre es el centro de todas las cosas, el Señor de su destino. El secularismo es un rechazo total a todo concepto religioso, a la fe en un Dios creador que dirige el destino de la naturaleza creada. Por lo tanto el hombre es el líder de su destino, sin responsabilidades morales con un Dios que establece leyes.

•La ciencia tiene las respuestas a los problemas del ser humano. Entonces el hombre tiene la capacidad intelectual para proveer soluciones a través del método científico.

•La mayoría decide lo que es moral e inmoral. Para ellos Dios no establece leyes morales. Es el hombre quien tiene la capacidad para determinar sus valores morales. Esto se logra a través del consenso de la mayoría. En algunos países, el aborto, la eutanasia o la esclavitud no se consideran acciones inmorales porque para la sociedad son comportamientos normales. En los Estados Unidos de Norteamérica, por ejemplo, la Suprema Corte de Justicia ha determinado que el aborto es aceptable y lo declaró legal.

Las naciones dominadas por el animismo, por su parte, se fundamentan en las siguientes ideas:

•Hay un mundo espiritual que no se puede penetrar. Este mundo está gobernado por seres espirituales que no se pueden conocer ni dominar. El gobierno de estos espíritus es irracional, por lo tanto el ser humano está a disposición de la voluntad del mundo espiritual.

•Estos seres espirituales controlan los asuntos de los hombres. Para recibir sus favores, los animistas buscan la armonía con estos espíritus apaciguándolos con sacrificios y rituales.

•Para ellos, el universo es amoral. En el mundo espiritual no existen principios buenos o malos.

La mayoría de las naciones del mundo desarrollado son secularistas, mientras que algunas de África y Asia son animistas. Otras son influenciadas por ambas corrientes. Este es el caso de muchas de Latinoamérica, donde la corriente secularista europea y la animista de los indígenas y los esclavos africanos se funden para formar la mentalidad latina.

Estas naciones, dice Dios, *se han ahogado* y no tienen manera de ser salvas. Veamos la causa.

LAS NACIONES SE HAN AHOGADO EN EL HOYO DE LA CORRUPCIÓN

La palabra «hoyo» describe una sepultura, un lugar en donde se manifiesta la corrupción, la podredumbre. Esta descomposición se manifiesta en los cadáveres que han perdido el soplo de Dios. Las expresiones bíblicas deben ser interpretadas solamente por la misma Biblia. Ella se interpreta a sí misma. Cuando queremos entender mejor el significado de una palabra en la Biblia, es aconsejable buscar otros pasajes en los que se utiliza el mismo vocablo. El término «hoyo» se encuentra en los siguientes versículos. Observe el contexto en el que se emplea.

Job 17:14

«*He de llamar "Padre mío" a la corrupción [hoyo],
y "Madre" y "Hermana" a los gusanos*».

En este pasaje, Job habla de su muerte y se refiere a la corrupción de una tumba como a su padre y a los gusanos que se encuentran en ella, como a su madre y su hermana. Job dice que la enfermedad que padece lo ha dejado como a un cadáver enterrado y en estado de descomposición.

Salmo 16:10

«No dejarás que mi vida termine en el sepulcro,
no permitirás que sufra *corrupción* [hoyo] tu siervo fiel».

Estas son palabras proféticas que se refieren a Jesucristo. Jesús fue puesto en una tumba pero al tercer día resucitó. Su cuerpo no experimentó corrupción porque fue resucitado antes de que el proceso de descomposición comenzara.

Salmo 49:9 (RVR 60)

«Para que viva en adelante siempre y nunca vea *corrupción* [hoyo]».

Dios dice que las naciones que no lo tienen en el centro de sus gobiernos, los pueblos que son gobernados por ideas basadas en la inteligencia y la ambición humana, se han ahogado en la corrupción y por eso han sucumbido a la muerte, una horrible descomposición que termina en su total putrefacción.

Sé que la palabra corrupción hoy tiene un significado distinto. En los países donde reina la corrupción política, económica y social se ven robos, injusticias, abusos y muerte. Estos comportamientos se manifiestan cuando no hay vida espiritual y lentamente la nación se descompone hasta consumirse por completo.

EL HOYO DE CORRUPCIÓN LO CAVAN
LAS MISMAS NACIONES

Dios es el que estableció que cada nación tenga autoridades nacionales, estatales y locales para que reine la justicia y el orden entre la ciudadanía. Pero la realidad nos muestra otra cosa. Los gobernantes han tomado la autoridad delegada por Dios y la han utilizado mal. Cuando Dios no es el centro de la vida, y el poder humano gobierna sin temor divino, hay muerte y la muerte produce corrupción.

¿Por qué debemos someternos a las autoridades gubernamentales? Porque Dios así lo estableció. Lo que no ha sido establecido por él es que las autoridades distorsionen la investidura divina y la usen para cometer injusticias.

Como dice Pablo en Romanos (13:1-2):

«Todos deben someterse a las
autoridades públicas, pues no hay
autoridad que Dios no haya
dispuesto, así que las que existen
fueron establecidas por él. Por lo
tanto, todo el que se opone a la
autoridad se rebela contra lo que
Dios ha instituido. Los que así
proceden recibirán castigo».

Este principio bíblico ha causado muchas controversias a lo largo de la historia. Estos versículos se han usado por gente en autoridad para subyugar a personas, pueblos y naciones. Han sido usados por gobernantes maliciosos para imponer su autoridad y apagar toda voz que se alce reclamando justicia. Este principio no justifica la maldad ni el abuso.

Cuando Dios habla en la Biblia de lo que hace o establece, usa dos palabras. Las vemos en Génesis 2:4 (RVR 60):

> «Estos son los orígenes de los
> cielos y de la tierra cuando fueron
> *creados*, el día que Jehová Dios *hizo*
> la tierra y los cielos».

¿Notó que se hace la diferencia entre crear y hacer? La Biblia dice en el primer capítulo del libro de Génesis que Dios *creó* los cielos y la tierra y después los *hizo*. Estas dos palabras parecen decir lo mismo pero sus significados son distintos. *Crear* significa «establecer lo que no es» y *hacer* significa «formar lo que ha sido creado».

Dios creó los cielos y la tierra y después les dio forma poniendo estrellas en el firmamento, vegetación en la tierra. En el primer día, Dios creó los cielos y la tierra. Creó la tierra del polvo, de materia. Pero en el sexto día, como corona de su creación, formó al hombre del polvo.

> «Entonces Jehová formó al hombre
> del polvo de la tierra, y sopló en su
> nariz aliento de vida, y fue
> el hombre un ser viviente».
> Génesis 2:7 (RVR 60)

> «Jehová Dios formó, pues, de la
> tierra toda bestia del campo, y toda
> ave de los cielos, y las trajo a Adán
> para que viese cómo las iba a
> llamar; y todo lo que
> Adán llamó a los animales vivientes,
> ese es su nombre».
> Génesis 2:19 (RVR 60)

Dios creó a las aves en el quinto día y a las bestias del campo en el sexto. Pero les dio forma después para que Adán tuviese dominio sobre la creación al ponerle un nombre a cada cosa. Dios plantó un jardín en Edén pero le dio autoridad al hombre para que lo cuidase y le diese forma.

En las naciones se aplica el mismo principio. Dios es el creador del concepto de gobierno. Él estableció posiciones de autoridad para que se hiciera justicia y se estableciera el orden. La idea no es que Dios establezca a cierto hombre o a cierto partido político como autoridad sobre una nación, institución o tribu. Dios establece la posición, los ciudadanos eligen a los que ocuparán esa posición y quienes salen elegidos son los que le dan forma.

A lo largo de la historia de la humanidad, la corrupción, la injusticia y la violencia han sido las formas elegidas para gobernar y esto no mejora a un pueblo sino que lo lleva hacia un hoyo. Este es el hoyo de corrupción que los líderes de las naciones han cavado. Tristemente, las naciones están en el hoyo y necesitan recibir la vida de Dios que se produce cuando se obedecen los mandamientos divinos.

Los principios de Dios son buenos y no deben ser alterados. Los corazones de los gobernantes deben cambiar. Ellos deben tomar la autoridad divina que les es delegada y darle la forma que Dios prescribió para que la justicia reine en cada nación.

LAS NACIONES CAYERON EN LA RED QUE ESCONDIERON

Los cazadores usaban redes para atrapar a sus presas. Esas redes se escondían para sorprender a los animales. Las naciones que han formado estructuras perversas para su propio beneficio, siempre esconden sus redes de corrupción y engaño pensando que nadie las descubrirá. Dios dice que ellas han puesto su pie en la misma red de corrupción que crearon y han caído en el hoyo de la muerte. A través del tiempo vemos que las naciones que se formaron en violencia son dominadas por esta y continuamente hay derramamiento de sangre. Las naciones ambiciosas de ganancias, territorios o poderío, buscan saciar esta hambre de acumular más y más a través de la explotación de los pobres. Las naciones formadas bajo una filosofía religiosa extremista continúan sometiendo a su gente, anulando su libertad de conciencia, produciendo odio y enemistad entre otras religiones y aislamiento social.

Finalmente, los gobiernos que se establecieron a través de revoluciones, guerras civiles y odio, han quedado atrapados por esas mismas redes y aunque desean gobernar en paz, sus raíces históricas brotan en cada nueva generación y continúa la rebelión y la guerra entre hermanos.

En este momento de la historia, podemos ver claramente cómo las redes de la violencia, la ambición y el extremismo religioso han atrapado a las naciones. A pesar de que algunas tratan de deshacerse de sus responsabilidades culpando a otros, han caído en la red que usaron para construir su nación.

EN LA OBRA DE LOS MALOS, DIOS SE HACE VER

Al ver la situación de crisis y desesperación en las naciones, muchos se preguntan: ¿Dónde está Dios?

Dios se manifiesta visiblemente cuando los malos quedan atrapados en sus propias redes de maldad. Él permite que caigan en un hoyo de muerte y corrupción; y de allí no se sale.

«Los malos serán trasladados al Seol.
Todas las gentes que se olvidan de Dios».
Salmo 9:17 (RVR 60)

El destino de los malos es el hoyo de la corrupción, el Seol. Se han olvidado de Elohim, el creador de los cielos y la tierra y esa es la razón de su destrucción. Note que las naciones no se olvidan de Jehová, se olvidan de Elohim. Solo el pueblo de Dios conoce a Jehová, el nombre de Dios que hace pactos con los que le creen. Las naciones se olvidaron de Elohim, el Dios creador de todas las cosas, el creador de la vida. Los gobernantes se olvidaron de Dios, el creador de las mismas posiciones de autoridad que están ocupando. Se olvidaron de Dios, el creador de su tierra, de sus playas, de sus montañas, del mismo aire que respiran, de los recursos y riquezas que explotan. Se han creído los creadores y señores de sus destinos. Por eso, las naciones están atrapadas en el hoyo de la corrupción. Se olvidaron de que Dios es el creador. Olvidaron que Dios es el Señor de todos y Juez de todos.

Olvidar significa que en otro tiempo tenían conocimiento de que Dios es Elohim, el creador. Otras generaciones tuvieron temor de Dios y gobernaron teniendo conciencia de él. Pero esta generación lo ha olvidado.

Cuando una persona tiene conciencia de que Dios es el creador de todo, también es consciente de que tarde o temprano deberá rendir cuentas de sus acciones, palabras y pensamientos. Cuando no existe esta conciencia, el hombre no tiene temor de Elohim, el creador y hace a su parecer lo que más le conviene.

PERO, ¿QUÉ LE DICE DIOS A SU PUEBLO?

«Porque no para siempre será olvidado el menesteroso, ni la esperanza de los pobres perecerá perpetuamente».
Salmo 9:18 (RVR 60)

Este mensaje es para los menesterosos y los pobres, para los que necesitan ayuda, para los que están esperando liberación a causa de la opresión, para los afligidos, los humildes y los débiles. ¿Se siente así? Entonces, este mensaje de Dios es para usted.

Dios tiene una estrategia para llevar a su pueblo a la victoria.

Primera fase de la estrategia divina

Jehová no se olvida de los menesterosos. Pero, ¡atención!, él se manifestará primeramente ejecutando su juicio contra los malos, avergonzándolos. Los corruptos serán enjuiciados por Dios en todos los ámbitos de la opinión pública. Los corruptos no se podrán esconder más. Serán desenmascarados.

Antes de que Dios sane a su nación, los malos serán expuestos y sus ideas serán públicamente rechazadas.

Segunda fase de la estrategia divina

Luego viene la promesa de Dios para su pueblo menesteroso. Dios se acordará de los que han sido objeto de abuso y opresión.

Él no se olvidará, no ignorará a los necesitados, a los afligidos, a los humildes y a los débiles. ¿Quiénes son estos? Los que se sienten totalmente inútiles, sin capacidad para lograr cambios. Dios no permitirá que la esperanza, la expectativa de los débiles se esfume. La expectativa de los pobres no perecerá «perpetuamente». La esperanza de los pobres, los débiles y los afligidos no desaparecerá en el futuro. Dios la traerá a memoria y la cumplirá.

> «Levántate, oh Jehová; no se
> fortalezca el hombre; sean juzgadas
> las naciones delante de ti. Pon, oh
> Jehová, temor en ellos; conozcan
> las naciones que no son
> sino hombres».
> Salmo 9:19-20 (RVR 60)

Este es el pueblo que espera que el hombre no se fortalezca con sus ideas y nuevos planes. Este es el pueblo que tiene temor de Jehová porque lo conoce. Es el pueblo de Jehová, el Dios del pacto, que sabe que la solución, la sanidad para su nación está en él. Para ellos es la promesa, para los que enfrentan a las crisis y triunfan.

Dios afirma que la maldad termina en destrucción. Esto lo vemos en las noticias cada día. Los líderes que han sido corruptos, aunque todavía están en sus posiciones de poder, se han quedado sin ideas, con economías en bancarrota, sin salida. Están atrapados en un hoyo. Se han terminado los créditos bancarios. Se han cerrado los fondos internacionales. Los tratados de paz no han funcionado. Las alianzas políticas no han sido efectivas. Se ha destruido la credibilidad de los gobiernos. La corrupción está tan arraigada que ya no hay posibilidad de préstamos.

Pero Dios está buscando a un pueblo con expectativas, hombres y mujeres que pongan su esperanza en él, en Jehová que trae nueva vida. ¡Dios resucitará a los suyos de las puertas del hoyo de la corrupción!

Esta promesa no es para todos. Es para los creyentes, para los que confían en Jehová, el Dios del pacto.

«Para que cuente yo todas tus
alabanzas. En las puertas de la
hija de Sion, y me gocé
en tu salvación».
Salmo 9:14 (RVR 60)

Tercera fase de la estrategia de Dios

Hasta ahora la hija de Sion, la Iglesia de Cristo, ha anunciado el
mensaje de salvación.

«Y será predicado este evangelio
del reino en todo el mundo, para
testimonio a todas las naciones,
y entonces vendrá el fin».
Mateo 24:14 (RVR 60)

Este mensaje, dice Jesús, será predicado en los últimos días
«para testimonio». Testimonio significa «evidencia».

Desde el principio, Dios quiso tener a un pueblo como evidencia de su reinado. Dios quiso que Israel fuera un testimonio a las
naciones. Por ejemplo, durante el reinado de Salomón, las naciones
venían a Jerusalén y quedaban maravilladas de su esplendor. Pero
la maravilla más grande era la sabiduría de Salomón. Esa sabiduría
provenía de Dios. Salomón gobernaba a Israel con los principios
del reino de Dios.

En los próximos días, Dios también tendrá una evidencia de su
gobierno en la tierra: los vencedores. Cuando otros mueran como
consecuencia de su pecado, estos vivirán. Cuando otros pierdan
todo, estos prosperarán. Cuando las naciones se quejen en su desesperación, estos cantarán nuevos cantos de alegría. Alabarán a
Dios en público, ya no dentro de cuatro paredes, en cultos de adoración o congresos de alabanza.

Cuando esta crisis esté en su peor momento, cuando se crea
todo perdido, en ese preciso instante la mano de Jehová arranca-
rá a los suyos de la destrucción y les dará vida. Entonces la Iglesia
tendrá la más poderosa evidencia para anunciar el mensaje de salvación y no habrá discusión, no habrá más burla. La evidencia será

clara. Los de Dios serán salvos de la destrucción y los que se han olvidado de él serán ahogados en el hoyo de la corrupción y la muerte. Sus nombres, ideologías y planes serán destruidos.

En la tercera fase de la estrategia de Dios veremos a la Iglesia evangelizando con evidencias que sacudirán a las naciones. La evidencia será la vida de Dios en su pueblo, y en los demás la podredumbre de la corrupción.

Estimado lector, estoy hablando acerca de la vida de Dios. Esta no es vida natural, vida biológica. Dios no nos hará más saludables o más hábiles que nuestros prójimos.

> «En él estaba la vida, y la vida
> era la luz de los hombres».
> Juan 1:4 (RVR 60)

> «De cierto, de cierto os digo: El que
> oye mi palabra, y cree al que me
> envió, tiene vida eterna; y no vendrá
> a condenación, mas ha
> pasado de muerte a vida».
> Juan 5:24 (RVR 60)

> «Porque como el Padre tiene vida en
> sí mismo, así también ha dado al Hijo
> el tener vida en sí mismo».
> Juan 5:26 (RVR 60)

> «El ladrón no viene sino para
> hurtar y matar y destruir; yo he
> venido para que tengan vida, y para
> que la tengan en abundancia».
> Juan 10:10 (RVR 60)

Cada creyente que ha nacido de nuevo por el Espíritu de Dios, tiene vida eterna porque ha pasado de muerte a vida. El que ha recibido a Jesús, no ha recibido una «cosa», «algo». Hemos recibido a una persona, a Jesús. Hemos recibido a la *Vida* porque él es vida.

¿Quiere saber cómo es la vida de Jesús? Es la vida que manifestó cuando estuvo en la tierra. Él llevó una vida sometida a la voluntad de su Padre y en constante comunión con él. Jesús habló con total autoridad, sanando a los enfermos, liberando a los cautivos, resucitando a los muertos y transformando los corazones de los que creyeron en él. Cuando Jesús hablaba, de su boca emanaba la vida de Dios, la vida que sana, que libera destruyendo las obras del diablo, que resucita muertos y que transforma.

Jesús vivió todos sus años en la tierra viviendo la vida de Dios. Pero él nos prometió «vida abundante».

> «Pero si Cristo está en vosotros,
> el cuerpo en verdad está muerto a
> causa del pecado, mas el espíritu
> vive a causa de la justicia.
> Y si el Espíritu de aquel que
> levantó de los muertos a Jesús
> mora en vosotros, el que levantó
> de los muertos a Cristo Jesús
> vivificará también vuestros cuerpos
> mortales por su Espíritu
> que mora en vosotros».
> Romanos 8:10-11 (RVR 60)

Esta vida que Jesús promete es la misma que se manifestó en Cristo cuando lo levantó de los muertos. Esta vida es el poder de resurrección, la vida sobrenatural que derrota a la muerte. Es la vida que vivió la iglesia primitiva, enfrentándose al Imperio de Roma y predicando el evangelio a todo el mundo conocido, libres del temor a la muerte. Es la vida de los vencedores que no viven de acuerdo a las limitaciones de la existencia cotidiana. Es la vida de Dios que se manifestó en Jesucristo cuando se transfiguró en un monte alto y su rostro brilló. En ese momento, Jesús no estaba limitado por las leyes naturales, sino que pudo ver y participar del mundo espiritual que no se puede percibir con la vida humana. Esta vida sobrenatural no es simplemente la vida eterna, es la vida del Resucitado, el Señor Jesucristo, el Rey de reyes que está sentado a la diestra del Padre y ha recibido toda autoridad en los cielos y en la tierra.

Poseeremos esta vida por fe y será manifestada en medio de las más grandes dificultades y necesidades. Esta vida abundante será la evidencia de que los hijos de Dios son diferentes, son de otro «reino».

El pueblo de Dios manifestará el perfume de la vida de Cristo como una evidencia tangible. No habrá necesidad de grandes cruzadas evangelísticas. La diferencia entre los vivos y los corruptos será tan clara que se olerá en las calles.

Los corruptos olerán a muerte y los que tienen la vida de Dios a perfume de Cristo. Esto será suficiente para que millones de personas vengan a los pies del Señor. Nuestros ojos lo verán. ¡Aleluya!

Para que esto suceda, Dios deberá manifestar la corrupción y la podredumbre de las naciones, así los hombres conocerán la diferencia entre la fragancia de Cristo y el olor corrupto de los malos. Hasta ahora los malos se han escondido y se han presentado como los salvadores. Pero Dios ha dicho basta. Los pueblos rechazarán a estos líderes malvados.

NUESTRAS ACTITUDES FRENTE AL PLAN ESTRATÉGICO DE DIOS

1. Ocupemos posiciones de influencia

Dios ha preparado en secreto a un grupo de hombres y mujeres que ocuparán posiciones de influencia en sus naciones. Estos serán una evidencia palpable de Dios para sus pueblos, ciudades y naciones. Serán luz en medio de las tinieblas. Algunos son empresarios, otros maestros y otros simples ciudadanos. Pero todos siervos de Dios. Todos han pasado por un proceso de purificación del corazón a través del cual sus motivaciones han sido probadas. Todos tienen algo en común, Dios los ha preparado para que sean ejemplo en sus naciones. Serán como José, como Daniel, como Esther o Nehemías. Ahora son personas sencillas pero Dios los levantará a su tiempo para que ocupen tronos y tomen riquezas para su gloria. Estos sanarán a sus naciones.

La Iglesia debe orar para que Dios los fortalezca y el día de su manifestación llegue pronto.

2. Hablemos lo que dice Dios

Hablemos lo que Dios dice de las naciones con nuestros familiares, vecinos, compañeros de trabajo y con cualquiera que se cruce en nuestro camino. No hablemos ni confiemos en lo que dice el hombre. Hablemos lo que dice Dios. Si habla lo que él dice, Dios hará conforme a sus palabras y sanará a su nación. Todo aquel que confía en él, será salvo de la corrupción.

3. Hablemos en fe

Dios sanará a nuestra nación conforme a las palabras que salen de nuestra boca. Dios sanó las aguas de Jericó «conforme a las palabras que Eliseo habló» (2 Reyes 2).

Hable en fe aunque no haya evidencias. El creyente camina por fe, no por vista.

4. Creamos en él

Creamos en Dios porque sus propósitos se han desatado violentamente sobre las naciones. Lo estamos viendo:

LATINOAMÉRICA: La corrupción del pasado, el abuso de créditos, préstamos y robo de dinero, han producido juicio y las economías han quedado en bancarrota.

La crisis económica en Argentina es el principio. Otros países le seguirán.

EL MUNDO OCCIDENTAL: Debido al terrorismo, a la inseguridad y el miedo, las economías se han paralizado. Los países más desarrollados se han olvidado de Dios aunque fueron naciones con fundamentos cristianos. La tragedia del 11 de septiembre en la ciudad de Nueva York fue el comienzo de esta crisis global.

EL MUNDO ORIENTAL: Ha resurgido un avivamiento religioso y los fanáticos están conquistando las mentes de las masas. Este despertar quiere provocar una guerra entre los falsos dioses y el Dios de Israel y Padre de nuestro Señor Jesucristo. El aumento del fervor entre los extremistas islámicos, la crisis entre India y Pakistán, entre el Islam y el hinduismo, las matanzas de cristianos en Indonesia, Filipinas, África y Asia, es el comienzo. La crisis aumentará.

ISRAEL: El conflicto entre Israel y los palestinos no tiene solución humana. Israel no rendirá sus territorios y los palestinos no retrocederán en sus demandas por los mismos, especialmente por la ciudad de Jerusalén.

Por eso, ante la falta de habilidad de los diplomáticos y los ejércitos para establecer la paz, se está preparando la plataforma para que un líder mundial aparezca y proponga una solución que por un tiempo será satisfactoria para todos. En este plan, las naciones propondrán que un ejército multinacional se establezca en Israel para mantener la paz. Este líder está por aparecer. Será el anticristo. Cuando veamos esto, el día del fin está cerca.

Pero antes del fin, las buenas nuevas de salvación y sanidad serán anunciadas a todas las naciones.

Las naciones verán que Jesucristo es el Señor de la tierra y de toda su plenitud, el mundo y todo lo que en él habita. Este testimonio no será simplemente por la predicación del evangelio. Nosotros seremos la evidencia cuando las naciones vean que Jesucristo es el Señor de nuestras vidas, familias, trabajos, carreras, y de nuestras iglesias. Estos son los que la Biblia llama «vencedores». Son los que viven totalmente sometidos al señorío de Jesús en todos los aspectos de sus vidas. Los que vencen al pecado, a la miseria, a la muerte, a la tentación.

Debido a esta evidencia, las naciones oirán las buenas nuevas de Jesús y serán sanadas.

LAS DOS TORMENTAS

La tragedia del 11 de septiembre de 2001 en Nueva York, ha despertado muchos interrogantes. Entre los cristianos, la pregunta ha sido una: ¿Es esto un juicio de Dios o un ataque satánico? La gente que no conoce a Dios se preguntado por qué permitió esto.

Esta tragedia no afecta solamente a la ciudad de Nueva York. En el primer capítulo decía que las naciones desarrolladas sufrieron un fuerte impacto. Aquellas que han basado sus economías en la inversión de capitales están sufriendo una gran recesión ya que los inversionistas tienen temor de arriesgar su dinero. Cuando se detiene la inversión, las economías se estancan y no hay crecimiento. Cuando no hay crecimiento, los inversionistas se retraen más y se forma un círculo vicioso de miedo. Esto hace que los consumidores no consuman y las empresas productoras, al no tener demanda de sus productos, deban despedir a sus trabajadores. El desempleo produce crisis económica en las familias y finalmente este ciclo produce crisis sociales y morales.

Las naciones pobres que dependen de la salud de las economías desarrolladas se paralizan porque se detiene la exportación y los créditos bancarios e inversiones se suspenden. Esto produce violencia y resentimiento entre las naciones. En el caso de algunos países de Latinoamérica, la crisis económica ha producido una masiva emigración de los mejores talentos, principalmente jóvenes, que salen de sus países en busca de trabajo, dejando un vacío en sus pueblos y ciudades.

Durante los años 2000 y 2001, la economía mundial ya había comenzado a entrar en recesión. La tragedia de Nueva York solo la aceleró. Desde esa fecha, violentas tormentas han comenzado a soplar sobre las naciones. La reacción de este ataque terrorista ha producido guerras, muertes y más enfrentamientos. Esta crisis se ha expandido a varias naciones musulmanas. Las amenazas continúan y no hay salida. La pregunta es: ¿Por qué sucedió? ¿Quién es el autor de esta tormenta? ¿Fue Dios? ¿Fue Satanás?

Dios nos habla en la Biblia de dos tipos de tormentas. Las de Dios y las satánicas.

La tormenta de Dios

«Y Jonás se levantó para huir de la presencia de Jehová a Tarsis, y descendió a Jope, y halló una nave que partía para Tarsis; y pagando su pasaje, entró en ella para irse con ellos a Tarsis, lejos de la presencia de Jehová. Pero Jehová hizo levantar un gran viento en el mar y hubo en el mar una tempestad tan grande que se pensó que se partiría la nave. Y los marineros tuvieron miedo, y cada uno clamaba a su dios; y echaron al mar los enseres que había en la nave, para descargarla de ellos. Pero Jonás había bajado al interior de la nave, y se había echado a dormir».
Jonás 1:3-5 (RVR 60)

La ciudad de Nínive era la capital del gran Imperio de Asiria. Este imperio con poderío mundial era grande y extremadamente perverso. Era el enemigo más temido por Israel. El profeta Nahúm describe en su libro algunos de los pecados de Asiria.

1. Falta de temor a Dios

«¿Qué pensáis contra Jehová?
Él hará consumación; no tomará venganza
dos veces de sus enemigos. De ti salió el
que imaginó mal contra Jehová,
un consejero perverso».
Nahum 1:9,11 (RVR 60)

Durante el reinado de Ezequías, el rey Senaquerib de Asiria sitió la ciudad de Jerusalén. Los generales asirios, sabiendo que Ezequías temía a Dios, dijeron:

«Y les dijo el Rabsaces:
Decid ahora a Ezequías: Así dice el
gran rey de Asiria: ¿Qué confianza es
esta en que te apoyas? Dices (pero
son palabras vacías): Consejo tengo
y fuerzas para la guerra.
Mas ¿en qué confías, que te has
rebelado contra mí?»
2 Reyes 18:19-20 (RVR 60)

Este general se burló de Ezequías y de su confianza en Jehová. Pero la burla se transformó en perversidad.

«¿Acaso he venido yo ahora sin
Jehová a este lugar, para destruirlo?
Jehová me ha dicho: Sube a esta
tierra, y destrúyela».
2 Reyes 18:25 (RVR 60)

El general asirio declaró que Jehová le había hablado y venía a destruir a Jerusalén por orden divina. Este es un espíritu que tuerce la Palabra de Dios para justificar su pecado.

2. Explotación de los pobres

> «Saquead plata, saquead oro; no hay
> fin de las riquezas y suntuosidad de
> toda clase de efectos codiciables. El
> león arrebataba en abundancia para
> sus cachorros, y ahogaba para sus
> leonas, y llenaba de presa sus
> cavernas, y de robo sus guaridas».
> Nahum 2:9,12 (RVR 60)

La estrategia de los asirios no era de conquista y dominio. Preferían invadir a las naciones, robar y matar con el propósito de llevarse el botín para la edificación y embellecimiento de Nínive, su ciudad capital. La fuente principal de la economía asiria provenía de los botines obtenidos de naciones débiles. Los asirios robaban la comida de los pobres para mantener su lujoso nivel de vida, explotaban a otros para vivir cómodamente.

3. Guerra y crueldad

> «¡Ay de ti, ciudad sanguinaria, toda
> llena de mentira y de rapiña, sin
> apartarse del pillaje!»
> Nahum 3:1 (RVR 60)

Asiria seducía a las naciones mostrando la gloria de Nínive. Se impresionaban tanto que hacían alianzas con Asiria y buscaban su protección. Cuando las naciones bajaban la guardia pensando que Asiria respetaría los acuerdos, los ejércitos asirios salían a saquear, destruir y matar.

4. Idolatría, brujería y prostitución

> «A causa de la multitud de las
> fornicaciones de la ramera de
> hermosa gracia, maestra de
> hechizos, que seduce a las naciones
> con sus fornicaciones y a los
> pueblos con sus hechizos».
> Nahum 3:4 (RVR 60)

La historia de Jonás comienza diciendo que la Palabra de Jehová vino al profeta. La Palabra de Jehová no es una cosa, no es simplemente revelación de una verdad. La Palabra de Jehová es una persona y su nombre es Jesús. Él siempre ha sido la Palabra, el Logos de Dios. El Espíritu de Cristo vino a Jonás y le habló diciéndole que fuera a Nínive porque la maldad de esa ciudad había subido delante de él. La crueldad, la idolatría, la brujería, la prostitución, la violencia, la explotación de los pobres y la perversidad habían subido hasta su presencia. Ante esta necesidad Jesús, la Palabra, fue movido a misericordia y habló a Jonás.

Jonás conocía al Dios misericordioso. Él era el profeta que Dios había usado para restaurar y salvar a Israel durante una época de desobediencia y maldad. La Biblia nos cuenta que aunque Jeroboam II hizo lo malo delante de Dios y no se apartó de sus pecados, Dios tuvo misericordia y restauró los límites de Israel conforme a la palabra de Jehová que profetizó Jonás.

> «Porque Jehová miró la muy
> amarga aflicción de Israel; que no
> había siervo ni libre, ni quien diese
> ayuda a Israel; y Jehová que había
> determinado raer el nombre de
> Israel de debajo del cielo; por
> tanto, los salvó por mano de
> Jeroboam hijo de Joás».
> 2 Reyes 14:26-27 (RVR 60)

Jonás fue un instrumento de salvación para el pueblo de Israel, una nación apóstata y rebelde. A pesar de su pecado, Dios tuvo misericordia del Reino del Norte y restauró sus límites asegurando sus fronteras de invasores y ladrones. Durante la hábil administración de Jeroboam, el reino de Israel tuvo prosperidad económica, y a través de guerras aseguró sus territorios. Pero según los profetas Amós y Oseas, esta prosperidad no se basó en la justicia ni en la igualdad. Durante este tiempo de riquezas y seguridad, los ricos vivieron en opulencia, ignorando la necesidad de los pobres. Durante el reinado de Jeroboam, la clase rica se llenó a sí misma de bienestar y placer, oprimiendo a los pobres de Israel.

Israel se enorgulleció porque creyó que la prosperidad era señal de aprobación y bendición de Dios. Mas él no prosperó a Israel por su obediencia, sino por su misericordia.

Pero ahora, el Logos de Jehová, Jesús, estaba declarando su voluntad, al enviar a Jonás a Nínive, una ciudad pagana, enemiga de Israel. El nombre de Jonás significa «paloma». Dios enviaba a una paloma para que «volara» a Nínive con un mensaje de arrepentimiento y misericordia. Entonces Jonás huyó de la presencia de Dios hacia el puerto de Jope, esperando tomar alguna nave que lo llevara aun más lejos, a Tarsis.

Jope significa «hermosura». Tarsis significa «jaspe amarillo». Jope representa lo hermoso y excelente del mundo y Tarsis simboliza un lugar de riquezas y prosperidad. Allí huyó Jonás, al lugar de la hermosura y el esplendor, y luego a la ciudad de la prosperidad. Jonás estaba tan engañado que bajó al interior de la nave y se echó a dormir. ¿Por qué estaba tan convencido? Jonás creía que Dios podía mostrar su misericordia hacia un Israel desobediente pero no hacia una ciudad pagana como Nínive.

Dios, sin embargo, envió una tormenta. Entonces, esta tormenta fue divina. Esta tormenta fue enviada por Dios para que el barco que estaba alejando a Jonás de su presencia, se volviera.

Las tormentas de Dios son enviadas a nuestras vidas para que volvamos a hacer su voluntad.

A través de intervenciones divinas, Jonás se arrepintió después de estar en el seno del Seol por tres días y tres noches, y volvió a oír la Palabra de Jehová por segunda vez. Entonces obedeció, anunció el mensaje de arrepentimiento y Nínive fue salva de la destrucción.

En conclusión, estas fueron las características de esa tormenta divina.

1. Dios habló por su Palabra enviando a Jonás a Nínive.
2. El mensaje de la Palabra de Dios era para sanar a Nínive.
3. Jonás actuó en oposición a la voluntad de Dios, yendo a Tarsis por barco.
4. Jonás dormía en el barco.
5. Dios envió una tormenta para que Jonás se arrepintiera.
6. Jonás se arrepintió y cumplió con el mandato de Dios.
7. La ciudad de Nínive fue salvada de la destrucción.

Ahora pasemos a otras dos tormentas.

«Aquel día, cuando llegó la noche, les dijo: Pasemos al otro lado. Y despidiendo a la multitud, le tomaron como estaba, en la barca; y había también con él otras barcas. Pero se levantó una gran tempestad de viento, y echaba las olas en la barca, de tal manera que ya se anegaba. Y él estaba en la popa, durmiendo sobre un cabezal; y le despertaron y le dijeron: Maestro. ¿no tienes cuidado que perecemos?»
Marcos 4:35-38 (RVR 60)

«En seguida hizo a sus discípulos entrar en la barca e ir delante de él a Betsaida, en la otra ribera, entre tanto que él despedía a la multitud. Y después que los hubo despedido, se fue al monte a orar; y al venir la noche, la barca estaba en medio del mar, y él solo en tierra. Y viéndoles remar con gran fatiga, porque el viento les era contrario, cerca de la cuarta vigilia de la noche vino a ellos andando sobre el mar, y quería adelantárseles».
Marcos 6:45-48 (RVR 60)

En el primer relato, Jesús compartió algunos principios del reino de Dios. Por algunas horas enseñó acerca del principio de la siembra y la cosecha. A través de parábolas, el Maestro estaba enseñando que sus palabras eran como semillas plantadas en los corazones y que si se aceptaban por fe, producirían fruto.

Después de esto, pronunció unas palabras: «Pasemos al otro lado». Estas no eran una simple orden, eran una semilla que plantaba en los corazones de los discípulos. Al entrar en la barca, Jesús se fue a dormir. Mientras dormía se levantó una gran tempestad. Esta tormenta era distinta. Las olas estaban cubriendo la barca y se hundía. Era una tormenta de muerte enviada para destruir las vidas de los que estaban en la barca. Pero Jesús dormía. Descansaba tan profundamente que lo tuvieron que despertar. ¿Por qué estaba durmiendo? ¿Por qué siguió durmiendo en esa situación tan delicada? Porque la palabra ya había sido declarada.

> «El espíritu es el que da vida;
> a carne para nada aprovecha; las
> palabras que yo os he hablado
> son espíritu y son vida».
> Juan 6:63 (RVR 60)

La palabras de Jesús «Pasemos al otro lado» eran espíritu y vida. No eran palabras de muerte, no eran palabras humanas. Eran palabras espirituales que producían vida. Por eso Jesús descansaba.

Los discípulos, sin embargo, no entendían todavía. Ellos tenían que hacer algo. Estos hombres que no querían morir en la tormenta, decidieron despertar a Jesús y clamarle.

> «Maestro, ¿no tienes cuidado
> que perecemos?
> Marcos 4:38b (RVR 60)

Ellos hicieron lo natural. En momentos de necesidad y crisis, pidieron ayuda. Hicieron lo que muchos de nosotros hacemos. Oramos, clamamos, intercedemos.

Pero Jesús después de reprender al viento les dijo:

«¿Por qué estáis así amedrentados?
¿Cómo no tenéis fe?»
Marcos 4:40 (RVR 60)

El Señor los reprendió, pero no por haberlo despertado sino porque tuvieron miedo y falta de fe.

Estos eran los hombres que estuvieron a los pies del Maestro escuchando las enseñanzas del reino de Dios acerca del poder de la palabra de Jesús. Estos eran los hombres que horas antes le oyeron decir:

«Oíd: He aquí el sembrador salió a
sembrar; y al sembrar, aconteció que una
parte cayó junto al camino, y vinieron las
aves del cielo y la comieron. Pero otra
parte cayó en buena tierra, y dio fruto,
pues brotó y creció, y produjo a treinta,
a sesenta, y a ciento por uno. El
sembrador es el que siembra la palabra.
Y estos son los de junto al camino: en
quienes se siembra la palabra, pero
después que la oyen, en seguida viene
Satanás, y quita la palabra que se sembró
en sus corazones».
Marcos 4:3-4,8,14-15 (RVR 60)

«Es como el grano de mostaza, que
cuando se siembra en tierra, es la más
pequeña de todas las semillas que hay
en la tierra; pero después de sembrado,
crece, y se hace mayor que todas las
hortalizas, y echa grandes ramas, de tal
manera que las aves del cielo pueden
morar bajo su sombra».
Marcos 4:31-32 (RVR 60)

Esto fue lo que Jesús les enseñó. Pero ahora había venido Satanás con una tormenta para destruir la palabra sembrada en los corazones de los discípulos. El viento soplaba queriendo paralizarlos con su ruido infernal. El mar rugía, queriendo amedrentarlos con el golpe de sus olas. Pero Jesús entró en acción. Reprendiendo al viento, le dijo al mar:

«Calla, enmudece».
Marcos 4:39a (RVR 60)

Frente a la palabra de Jesús, la tormenta no pudo resistirse. Tuvo que callar y las amenazas tuvieron que enmudecer. Esta tempestad tuvo que ser reprendida. Jesús tomó autoridad espiritual contra una tempestad que estaba oponiéndose a su orden de pasar al otro lado.

En el segundo relato del Evangelio de Marcos, Jesús llega a un lugar a orillas del Mar de Galilea, un pequeño valle en forma de semicírculo como un anfiteatro natural, donde las multitudes se sientan a escuchar sus enseñanzas.

La voz de alguien que habla desde la orilla de este lugar es proyectada por la brisa que sopla desde el mar. Jesús se sentó sobre la barca y enseñó por varias horas sin los beneficios de un equipo de amplificación, pero la brisa del mar se encargó de servirle de altavoz.

Después de haber enseñado todo el día, los discípulos aconsejaron a Jesús que despidiera a la multitud porque ya era hora de la cena. El Señor, entonces, declaró:

«Respondiendo él, les dijo: Dadles
vosotros de comer».
Marcos 6:37a (RVR 60)

Jesús habló. La palabra poderosa e inspirada del Maestro salió de su boca. Jesús declaró su voluntad. Los discípulos iban a alimentar a la multitud. No lo entendían, pero lo que Jesús dice se hace. Estos hombres no comprendían el poder de la palabra de Jesús.

«Ellos dijeron: ¿Que vayamos y
compremos pan por doscientos
denarios, y les demos de comer?»
Marcos 6:37b (RVR 60)

Los discípulos de Jesús quizás tuvieran doscientos denarios en la caja del ministerio, sin embargo, con todo ese dinero no podían darle de comer a la multitud. De acuerdo con las posibilidades humanas, no se podía cumplir el mandato que Jesús les dio. Era imposible alimentar a la multitud.

«Él les dijo: ¿Cuántos panes tenéis?
Id y vedlo. Y al saberlo dijeron:
Cinco, y dos peces».
Marcos 6:38 (RVR 60)

Cuando Jesús habla, su Palabra siempre se cumple. Ellos estaban por alimentar a la multitud. Pero no lo iban a hacer con sus recursos. Lo iban a hacer a través de un milagro.

«Entonces tomó los cinco panes y
los dos peces, y levantando los ojos
al cielo, bendijo y partió los panes,
y dio a sus discípulos para que los
pusiesen delante; y repartió los
dos peces entre todos».
Marcos 6:41 (RVR 60)

Jesús tomó los cinco panes y los dos peces bendecidos y puso los trozos en las manos de los discípulos. Estos salieron a repartirlos entre la multitud y el milagro de la multiplicación se efectuó en sus propias manos. ¡Qué impresionante! De las manos de los discípulos fluían panes y peces listos para comer.

«Y comieron todos, y se saciaron.
Y recogieron de los pedazos
doce cestas llenas, y de lo que
sobró de los peces».
Marcos 6:42-43 (RVR 60)

Los discípulos fueron testigos e instrumentos de un milagro asombroso. La palabra de Jesús se cumplió. ¡Ellos les dieron de comer!

Pero ahora Jesús habló otra palabra. Mandó que fueran a Betsaida, que estaba cruzando el mar. Debían ir delante de él para preparar su llegada. Los discípulos obedecieron. Entraron en la barca y comenzaron a remar hacia el otro lado del mar. Jesús, confiando en la palabra que había hablado, subió al monte a orar. Pero al venir la noche, un viento contrario comenzó a soplar. La palabra «contrario» significa opuesto, adversario, hostil, antagónico. Pablo usa esta misma palabra en la carta a Tito.

«Exhorta asimismo a los jóvenes a
que sean prudentes; presentándote
tú en todo como ejemplo de
buenas obras; en la enseñanza
mostrando integridad, seriedad,
palabra sana e irreprochable, de
modo que *el adversario* se
avergüence y no tenga nada
malo que decir de vosotros».
Tito 2:8 (RVR 60)

Este viento contrario estaba soplando en oposición a la palabra de Jesús. Él iba a Betsaida con el propósito de cumplir la voluntad del Padre. Pero el viento le era contrario.

En el preciso momento en que el viento comenzó a soplar, Jesús estaba orando en el monte. Pero él hacía algo más: los estaba mirando.

«Viéndoles remar
con gran fatiga...»
Marcos 6:48a (RVR 60)

Los ojos de Jesús estaban sobre aquellos doce hombres atrapados en medio de la tormenta. Estaba orando por sus discípulos, compadeciéndose de ellos.

«Por tanto, teniendo un gran sumo
sacerdote que traspasó los cielos,
Jesús, el Hijo de Dios, retengamos
nuestra profesión. Porque no
tenemos un sumo sacerdote que no
pueda compadecerse de
nuestras debilidades, sino uno que
fue tentado en todo según nuestra
semejanza, pero sin pecado».
Hebreos 4:14-15 (RVR 60)

Esta tormenta necesitaba ser reprendida. Esta tormenta era satánica, se estaba oponiendo a la palabra hablada por Jesús. Los discípulos remaban con gran fatiga y sin duda estaban atemorizados, pero Jesús oró por ellos.

Cerca de la cuarta vigilia, alrededor de las tres de la mañana, el Señor bajó del monte de la intercesión, caminó sobre las aguas y entró en la barca con los discípulos. La tormenta se calmó y pudieron llegar a la otra orilla.

He descrito dos diferentes clases de tormentas. La de Jonás fue enviada por Jehová. Esta tormenta estaba soplando contra un barco que llevaba a un hombre que estaba escapando de la voluntad de Dios. Cuando alguien huye de una palabra que Dios habla, vienen las tormentas divinas para darnos oportunidad de arrepentirnos y volvernos hacia la obediencia, hacia el cumplimiento de la palabra que nunca vuelve vacía, que siempre cumple su propósito. Jonás tuvo que volver a la orilla y viajar hasta Nínive para cumplir con el mandato divino.

Las tormentas en el Mar de Galilea fueron satánicas. Estas tormentas estaban soplando contra un barco que llevaba a hombres que iban a cumplir el mandato de Jesús. Cuando alguien obedece a la palabra de Jesús, Satanás envía tormentas para que el propósito divino no se cumpla.

Después de los eventos catastróficos que comenzaron a manifestarse en las naciones después del 11 de septiembre, Dios habló a mi vida. Hay dos tormentas soplando sobre las naciones de la tierra. Hay tormentas enviadas por Dios pero las hay también enviadas por Satanás.

Dios está soplando su tormenta sobre ciudades y naciones desobedientes a sus propósitos. Dios está soplando tormentas de juicio. Muchas de las naciones que fueron edificadas sobre fundamentos cristianos, se han olvidado de Dios. Estas naciones olvidan que su prosperidad y comodidad son fruto de la bendición de Dios por haber sido fundadas con propósitos divinos. Pero en estos últimos siglos de revolución industrial, de prosperidad económica y de avance científico, se han olvidado de Dios y han levantado altares de adoración a la inteligencia y al poderío humano. Naciones como Gran Bretaña, Alemania, Suiza, los países escandinavos, Holanda, fueron pueblos de avivamiento, cuna de misioneros y reformadores piadosos, hombres y mujeres que edificaron la Iglesia de Cristo alrededor del mundo. Los Estados Unidos fueron fundados por hombres temerosos de Dios que produjeron una generación de cristianos que tenían el propósito divino de llevar el evangelio de Cristo al mundo.

Pero estas naciones han huido hacia Tarsis, el lugar próspero, lujoso y cómodo. Dios ha comenzado a soplar tormentas violentas para que se arrepientan y cumplan con los propósitos divinos.

Pero hay otras tormentas que están soplando sobre los pueblos que han decidido obedecer a Dios. Estas tormentas satánicas están soplando sobre los países en donde ha habido una explosión evangelística y la Iglesia ha crecido numéricamente en las últimas tres décadas. Las tormentas satánicas están soplando para que las palabras proféticas que se han declarado sobre estas naciones no se cumplan. Estas tormentas económicas y sociales están soplando especialmente sobre Latinoamérica.

Usted se preguntará: ¿Cuál es el propósito por el que Satanás está tratando de detener con estas tormentas?

Veamos lo que dice la Biblia:

«Vinieron al otro lado del mar,
a la región de los gadarenos».
Marcos 5:1 (RVR 60)

Cuando Jesús reprendió al viento, se hizo una gran bonanza y llegaron a la otra orilla del mar. Llegaron a la región de los gadarenos.

«Y cuando salió él de la barca, en
seguida vino a su encuentro, de
los sepulcros, un hombre con un
espíritu inmundo que tenía su
morada en los sepulcros y nadie
podía atarle, ni aun con cadenas.
Porque muchas veces había sido
atado con grillos y cadenas, mas
las cadenas habían sido hechas
pedazos por él, y desmenuzados
los grillos; y nadie le podía
dominar».
Marcos 5:2-4 (RVR 60)

El propósito de Jesús no era simplemente cruzar al otro lado. Su propósito era enfrentar al espíritu indomable que ataba a ese hombre. Por eso Satanás soplaba con una tormenta contraria. La tormenta era para detener a Jesús. Pero fíjese en este detalle importante.

> «Cuando vio pues a Jesús de lejos,
> corrió y se arrodilló ante él. Y
> clamando a gran voz dijo: ¿Qué tienes
> conmigo Jesús, Hijo del Dios Altísimo?
> Te conjuro por Dios que no me
> atormentes. Porque le decía: Sal de
> este hombre, espíritu inmundo.
> Y le preguntó: ¿Cómo te llamas? Y
> respondió diciendo: Legión, me llamo;
> porque somos muchos. Y le rogaba
> mucho que no lo enviase fuera de
> aquella *región*».
> Marcos 5:6-10 (RVR 60)

Este espíritu inmundo, llamado Legión, tenía autoridad sobre toda aquella región. Era un principado territorial. Por eso Satanás sopló. No quería perder una región entera.

Satanás está soplando violentamente sobre nuestras naciones porque la Iglesia de Jesucristo está moviéndose hacia un enfrentamiento contra los principados territoriales que tienen a los pueblos atados. La Iglesia le ha hecho guerra espiritual en los últimos años. Se han hecho ataques de intercesión, actos proféticos de todo tipo y cientos de congresos de guerra espiritual. Pero estos principados no han soltado a los países.

> «Y siempre, de día y de noche,
> andaba dando voces en los montes y
> en los sepulcros e hiriéndose con
> piedras».
> Marcos 5:5 (RVR 60)

Los principados que mantienen atadas a nuestras naciones también tienen estas características. Primeramente, andan en los sepulcros. La mayoría de los espíritus regionales, los ídolos o dioses que se han levantado en nuestros pueblos, ciudades y naciones son apariciones de muertos. Hacen que la gente ore a los muertos, los honre, les tema y celebre la muerte. Segundo, hieren a los que poseen. Estos espíritus son sanguinarios. En este siglo, varios países de Latinoamérica, África, el Lejano y Medio Oriente y los Balcanes, en Europa Occidental, han experimentado un continuo derramamiento de sangre.

Pero Jesús ya habló. Cruzaremos al otro lado a echar a los principados de nuestras regiones. Por eso está soplando la tormenta.

Ahora bien, ¿qué debe hacer el creyente? ¿Cómo liberar a nuestras naciones de las ataduras de estos principados que han estado atormentando a nuestra gente?

La respuesta es: Obedeciendo las palabras de nuestro Señor.

«Tened ánimo, Yo soy, no temáis».
Marcos 6:50 (RVR 60)

¿Qué sucedió con los discípulos durante la tormenta satánica? Se atemorizaron, no tuvieron fe. Se olvidaron de que Jesús ya había dicho que iban a cruzar.

Este no es tiempo solo de orar e interceder. La mayoría de nuestras oraciones son como la de los discípulos, pidiendo socorro porque creían que iban a perecer. Por eso Jesús los reprendió. No es tiempo de orar con temor. Es tiempo de orar con fe.

Cuando nos enfrentamos a las tormentas de Dios, simplemente hay que arrepentirse e ir a donde nos envió a decir lo que quiere que digamos. Pero cuando nos enfrentamos a una tormenta satánica, lo primero que hay que hacer es tener fe y seguir hacia el propósito de Dios.

Moisés es un claro ejemplo. Cuando Israel salió de Egipto, vieron la poderosa mano de Dios obrando a su favor. Pero después de unos pocos días, el Faraón egipcio decidió perseguir a los israelitas para esclavizarlos nuevamente.

De repente, Moisés se encontró sin salida. El Mar Rojo se oponía frente a ellos como una barrera de agua y el ejército de Faraón se les oponía detrás. Frente a esta situación, el pueblo quiso volver a Egipto. Si volvían, no iban a cumplir la palabra del pacto que Dios había hecho a Abraham, Isaac y Jacob. No recibirían la herencia que Dios tenía para ellos.

Moisés entonces declaró estas palabras:

«Y Moisés dijo al pueblo: No temáis,
estad firmes, y ved la salvación que
Jehová hará hoy con vosotros; porque los
egipcios que hoy habéis visto, nunca más
para siempre los veréis. Jehová
peleará por vosotros y vosotros estaréis
tranquilos».
Éxodo 14:13-14 (RVR 60)

Aparentemente Moisés tenía mucha fe. Le pidió al pueblo que estuvieran quietos y tuvieran fe porque Dios iba a pelear por ellos. En otras palabras, Dios lo iba a hacer todo. Pero mire lo que él le dice a Moisés en el siguiente versículo:

«Entonces Jehová le dijo a Moisés:
¿Por qué clamas a mí? Di a los
hijos de Israel que marchen».
Éxodo 14:15 (RVR 60)

Ese no era el momento de esperar que Dios lo hiciera todo. Había que marchar, moverse hacia el propósito divino como si el mar no existiese.

Qué fácil es para nosotros esperar que Dios lo haga todo. Qué fácil es encerrarnos en nuestras casas e iglesias y hablar de guerra espiritual. Pero cuando la tormenta está soplando y Satanás está detrás de nosotros amenazando con destruirnos, no es momento para detenernos. Es momento de marchar.

¿Cómo cruzó Israel?

«Y tu alza tu vara y extiende tu mano sobre el
mar y *divídelo* y entren los hijos de Israel por
en medio del mar, en seco».
Éxodo 14:16 (RVR 60)

El Faraón estaba detrás. El mar enfrente. Al otro lado del mar estaba la tierra de la promesa. Pero había obstáculos. Era tiempo de que Moisés tomara la autoridad que Dios le había dado. Entonces apuntó su vara hacia la tierra prometida, extendió su mano y el mar se dividió.

Dios ha hablado mucho sobre las naciones. Estas le han sido entregadas al Rey Jesucristo como su herencia y los confines de la tierra como su posesión y propiedad. Esto ya fue declarado. Cuando el Cristo de la gloria traspasó los cielos y se sentó a la diestra de Dios, el Padre lo estableció como Rey y Señor de las naciones y le dio un nombre sobre todo nombre, autoridad en los cielos, en la tierra y debajo de la tierra. Esto fue consumado hace dos mil años. Pero estamos entrando en una de las últimas fases de su reinado. Los principados de la tierra tendrán que soltar a millones de almas que vendrán a los pies de Jesucristo. Los principados de la tierra tendrán que rendir pueblos, ciudades y hasta naciones enteras para que se cumpla lo que Dios ha determinado sobre ellas. ¡El evangelio será predicado en todo el mundo! Por eso Satanás está soplando tormentas sobre las naciones musulmanas. Los principados y las legiones satánicas que se han entronizado en el Islam, ven venir a la Iglesia con Jesús en su barco. Satanás está soplando. La Iglesia no se detendrá.

Usted no tiene una vara como Moisés. Usted tiene algo mejor. Tiene la palabra de Dios para su nación. ¡Su nación ya es de Cristo! Su nación será libre de las garras del principado que está atando a la gente. ¡Usted cruzará al otro lado, la tormenta se calmará y llegará a la otra orilla para echar fuera a los principados!

Moisés usó la vara que Dios le dio. Use usted la palabra que Dios ya le ha dado a su nación.

«El que mora en los cielos se reirá;
el Señor se burlará de ellos. Luego
hablará a ellos en su furor, y los
turbará con su ira. Pero yo he puesto
mi rey sobre Sion, mi santo monte. Yo
publicaré el decreto; Jehová me ha
dicho: Mi hijo eres tú; yo te engendré
hoy. Pídeme, y te daré por herencia las
naciones, y como posesión tuya los
confines de la tierra. Los quebrantarás
con vara de hierro; como vasija de
alfarero los desmenuzarás. Ahora, pues,
oh reyes, sed prudentes; admitid
amonestación, jueces de la tierra.
Servid a Jehová con temor... Honrad al
Hijo, para que no se enoje, y perezcáis
en el camino; pues se inflama de
pronto su ira. Bienaventurados todos
los que en él confían».
Salmo 2:4-12 (RVR 60)

Los reyes de la tierra que gobiernan de acuerdo a sus ambiciones egoístas, los jueces que hacen injusticias, los principados religiosos, los espíritus inmundos que habitan en los sepulcros y glorifican a los muertos en nuestros países, tendrán que soltar a las almas que están atadas a sus mentiras. El poder satánico que no permite que las naciones sean libres para ver a Jesús, será quebrantado y el Señor sanará a nuestros pueblos.

Cuando el viento sople sobre Centro y Sudamérica, el Caribe y Norte América, África y Europa, Asia y Oceanía, la Iglesia no se detendrá. La Iglesia declarará la paz de Dios. Los hijos de Dios seguirán creyendo y declarando la palabra de Dios. Cuando los vientos de pobreza, de corrupción e injusticia, de hambre y enfermedad, de inmoralidad y muerte soplen sobre nuestras naciones, sabremos que Satanás está preparándose para resistir el ataque que vendrá de parte de los hijos de Dios que echarán fuera a los principados y dejarán a los pueblos libres y sanos. El gadareno quedó libre y sano. Así mismo quedará su nación.

LA TORMENTA DE DIOS

En el capítulo anterior hablé acerca de dos clases de tormentas: las de Dios y las de Satanás. Estas últimas son adversidades que se levantan en contra de los hijos de Dios, de aquellos que van por el camino de la obediencia. Cuando deciden cumplir con los propósitos divinos, siempre se levanta una tormenta contraria. Cuando la iglesia de una ciudad o de una nación decide obedecer a Dios y tomar el lugar profético que le corresponde, Satanás levanta una tormenta contraria para que eso no suceda. Los vientos rugen y las olas tratan de ahogar a los hijos de Dios para enmudecerlos. Pero ya aprendimos de Cristo. Si sopla la tormenta satánica, tomamos nuestra posición de autoridad y mandamos que la tormenta enmudezca y se calme.

También hablé de las tormentas de Dios. Él llamó a Jonás a declarar el mensaje divino a la ciudad de Nínive. Jonás desobedeció y partió en una nave hacia la ciudad de Tarsis; huyó en dirección opuesta a la voluntad de Dios. Mientras escapaba, Dios envió una tormenta.

Las tormentas de Dios son para que la gente se arrepienta, para que las naciones se vuelvan de sus malos caminos y obedezcan al Dios de los cielos y la tierra.

En este capítulo hablaré sobre la desobediencia de las naciones y lo que Dios promete a los rebeldes.

En el libro de Isaías, un profeta a las naciones de su tiempo, encontramos una sección entera llamada «el libro de los ayes». Esta sección comprende los capítulos 28 al 33.

Esta expresión ¡Ay!, es un grito de dolor y desesperación. Es una palabra que se usaba cuando alguien lamentaba la muerte de un ser querido. Es un grito de mucha angustia.

En este «libro de los ayes» Isaías presenta seis pecados que las naciones han cometido y por los cuales Dios prepara una tormenta de destrucción. Miremos estos seis ayes.

1. El «Ay» sobre los políticos

«¡Ay de la altiva corona de los borrachos
de Efraín, de la flor marchita de su
gloriosa hermosura, que está sobre
la cumbre de un valle fértil!
¡Ay de los abatidos por el vino!»
Isaías 28:1

«También sacerdotes y profetas se
tambalean por causa del vino, trastabillan
por causa del licor; quedan aturdidos con
el vino, tropiezan a causa del licor. Cuando
tienen visiones, titubean; cuando toman
decisiones, vacilan. ¡Sí, regadas de vómito
están todas las mesas, y no queda limpio
ni un solo lugar!»
Isaías 28:7-8

En aquellos tiempos los sacerdotes y profetas eran los líderes de la nación. En estos pasajes se describe claramente el estado de los líderes políticos. Eran unos borrachos que buscaban placer y diversión en sus mesas de reuniones. La corrupción era tan grande que tenían una visión errónea y hacían juicios errados.

En estos días, la frustración de la gente ha llegado a niveles indescriptibles. ¿Por qué? Porque ven cómo los políticos, a pesar de la pobreza del pueblo, continúan robando y acomodando a los que ayudan a que la corrupción aumente. En algunas naciones ya no hay más qué robar, sin embargo, de lo poquito que queda siguen robando. Con mis propios ojos he visto a líderes empresariales y políticos hacer convenios secretos para vaciar el tesoro de la nación y esconderlo en cuentas bancarias personales. Y luego, para reponer lo robado, le quitan más dinero a la gente mediante maniobras legales.

Muchos me han preguntado: ¿Cómo un verdadero patriota puede hacer eso? ¿Cómo puede un ser humano oprimir a los ancianos y a los pobres y luego disfrutar del fruto de su robo en su lujosa casa? La respuesta es muy simple. Están borrachos, están trastornados por el vino de la corrupción y han perdido el control como lo pierde una persona ebria.

Pero a pesar de estas atrocidades, Dios siempre avisa, siempre tiene una voz profética en las naciones que habla y amonesta. Los líderes oían la exhortación y decían:

«¿A quién creen que están
enseñando? ¿A quién le están
explicando su mensaje? ¿Creen que
somos niños recién destetados,
que acaban de dejar el pecho?»
Isaías 28:9

Estos líderes políticos se burlaban de los avisos divinos y los consideraban como palabras para niños. Esto es lo que hoy sucede en nuestras naciones. Dios ha levantado a hombres y mujeres que declaran con voz profética el consejo de Dios a sus naciones, pero los líderes políticos no oyen, consideran los preceptos de Dios como ideas religiosas, moralistas e imprácticas.

Cuántas veces he oído a políticos decir que nuestros conceptos bíblicos se deben enseñar en las iglesias pero no en la arena pública. Cuántas veces los políticos han intervenido para que nuestro mensaje de justicia no salga por los medios masivos de comunicación. Pero a esta reacción, Dios responde a través del profeta:

«Miren, el Señor cuenta con alguien
que es fuerte y poderoso: Este
echará todo por tierra con
violencia, como tormenta de
granizo, como tempestad
destructora, como tormenta de
aguas torrenciales, como torrente
desbordado. La altiva corona de
los borrachos de Efraín,
será pisoteada».
Isaías 28:2-3

Dios avisa que viene un «ay», un destructor que humillará a las naciones dirigidas por políticos borrachos.

Hoy miro la corrupción en nuestras naciones y me pregunto: ¿Hasta cuándo Dios, estos hombres ambiciosos continuarán robando y abusando? La gente se pregunta lo mismo.

Por eso Dios ha comenzado a soplar una tormenta de juicio sobre las naciones. El juicio está dirigido a estos hombres que se han burlado de Dios y han usado mal la autoridad que él les da para gobernar a sus naciones con justicia. Los vientos de violencia, de guerras civiles y de pestilencias han comenzado a hacer estragos en varias naciones de la tierra porque rechazan la amonestación de Dios. Estos líderes creen que se pueden burlar de él porque tienen ejércitos, porque su sistema de seguridad secreta los protege. Estos líderes, según Dios, creen que han hecho un pacto con la muerte. Creen que no van a sucumbir, que su poder los ha hecho invencibles. Caminan muy confiados pensando que decidirán el día en que morirán.

> «Ustedes dicen: "Hemos hecho un
> pacto con la muerte, hemos hecho una
> alianza con el sepulcro. Cuando venga
> una calamidad abrumadora, no nos
> podrá alcanzar, porque hemos
> hecho de la mentira nuestro refugio
> y del engaño nuestro escondite"».
> Isaías 28:15

Pero no se esconderán. Estamos viendo que sus trampas y robos son expuestas delante de la gente.

2. El «Ay» sobre los religiosos

> «El Señor dice: "Este pueblo
> me alaba con la boca
> y me honra con los labios,
> pero su corazón está lejos de mí.
> Su adoración no es más que un
> mandato enseñado por hombres"».
> Isaías 29:13

¡Qué religiosos son nuestros pueblos! Cuántas fiestas religiosas, ritos y ceremonias realizan para acercarse a Dios. Pero él está mirando el corazón de los religiosos y hace la diferencia entre el verdadero temor y el aprendido de las tradiciones religiosas. Cuando Dios ve a las multitudes que claman al cielo, ruegan a sus estatuas, solicitan la intercesión de los muertos según sus tradiciones, invocan a otros en lugar de invocar el nombre del Señor, se derrama «un espíritu de sueño», los ojos de los maestros que enseñan se cierran más y Dios pone un velo sobre las cabezas de los profetas (Isaías 29:10).

> «Para ustedes, toda esta visión no
> es otra cosa que palabras en
> un rollo de pergamino sellado.
> Si le dan el rollo a alguien que
> sepa leer, y le dicen: "Lea esto, por
> favor", éste responderá:
> "No puedo hacerlo; está sellado".
> Y si le dan el rollo a alguien
> que no sepa leer, y le dicen: "Lea
> esto, por favor", éste responderá:
> "No sé leer"».
> Isaías 29:11

Debemos entender por qué la gente de nuestras naciones rechaza el Evangelio de Jesucristo. La gente no acepta la gracia de Dios a través de la fe en Jesús porque está ciega. Para ellos el cristianismo es una religión, una disciplina aprendida de la tradición. Muchos creen en Dios, creen que Jesucristo murió por los pecados de la humanidad y creen que hay un cielo, pero no entienden el mensaje del nuevo nacimiento. Conocen el significado de las palabras pero no las reciben en su corazón. Como dice el profeta Isaías, sabiendo leer, reaccionan como analfabetos; conociendo el mensaje de Dios, dicen que no es claro.

3. El «Ay» sobre los rebeldes y los perversos

«¡Ay de los que, para esconder sus planes,
se ocultan del Señor en las profundidades;
cometen sus fechorías en la oscuridad, y
piensan: "¿Quién nos ve? ¿Quién nos
conoce?"! ¡Qué manera de falsear las
cosas! ¿Acaso el alfarero es igual al barro?
¿Acaso le dirá el objeto al que lo modeló:
"Él no me hizo"? ¿Puede la vasija decir
del alfarero: "Él no entiende nada"?»
Isaías 29:15-16

La palabra perversidad significa «torcido». ¿Cómo tuercen las cosas los rebeldes? Creyendo que siendo creación son creadores. Olvidando que Dios es su Creador, son obra de sus manos. Creyendo que no hay que rendirle cuentas. Pensando que pueden hacer cosas a escondidas porque Dios no los ve. Estando convencidos de que Dios no entiende ni se interesa de las injusticias y ambiciones de los hombres. El aviso de Dios a estos es:

«Por eso, una vez más asombraré
a este pueblo con prodigios
maravillosos; perecerá la sabiduría
de sus sabios, y se esfumará la
inteligencia de sus inteligentes».
Isaías 29:14

Por años, los gobiernos corruptos han escondido sus tramas de los pueblos que dirigen. Por años, los pueblos se han resignado a la corrupción y la han aceptado como cosa normal. Pero Dios da un aviso y ya estamos viendo su cumplimiento. ¡Viene un prodigio grande y espantoso! Vienen sucesos que producirán terror, espanto.

En este pasaje, el profeta usa la misma palabra hebrea cuando habla de admiración, prodigio y espanto. Esta palabra se usa en la Biblia para describir las maravillas extraordinarias del Dios Todopoderoso. Se utiliza por primera vez en el cántico de Moisés y María, después que Israel cruzó el Mar Rojo y los carros de Faraón fueron destruidos.

> «"Iré tras ellos y les daré alcance —alardeaba el
> enemigo—. Repartiré sus despojos hasta quedar
> hastiado. ¡Desenvainaré la espada y los destruiré con
> mi propia mano!" Pero con un soplo tuyo se los
> tragó el mar; ¡se hundieron como plomo en las aguas
> turbulentas! ¿Quién, Señor, se te compara entre los
> dioses? ¿Quién se te compara en grandeza y
> santidad? Tú, hacedor de *maravillas*, nos impresionas
> con tus portentos».
> Éxodo 15:9-11

El pueblo de Israel estaba amedrentado al ver los carros de Faraón. Pero cuando Dios abrió ante ellos el mar y destruyó a sus enemigos, cantaron este cántico y lo honraron.

Dios nos avisa hoy que vienen prodigios espantosos, manifestaciones visibles de su poder contra sus enemigos. Esto despertará a los pueblos de su sueño religioso y alabarán al verdadero Dios.

4. El «Ay» sobre los que confían en los imperios

> «El Señor ha dictado esta sentencia:
> "Ay de los hijos rebeldes que ejecutan
> planes que no son míos, que hacen alianzas
> contrarias a mi Espíritu, que amontonan
> pecado sobre pecado, que bajan a Egipto sin
> consultarme, que se acogen a la
> protección de Faraón, y se refugian
> bajo la sombra de Egipto"».
> Isaías 30:1-2

Egipto era uno de los imperios más poderosos y ricos de la tierra. El reino de Judá, al verse amenazado por otras naciones, envió una delegación de embajadores buscando la protección de Egipto. Para conseguir esta protección, Judá tuvo que hacer una alianza, una «cubierta». Esta protección es descrita en el hebreo como una cubierta, una cobertura, como un abrigo que cubre, como un techo que ofrece refugio de la intemperie. Judá quería la «sombra» que podía brindarle Egipto, la potencia comercial del mundo de aquella época.

Hoy las naciones buscan hacer alianzas comerciales dentro de una economía globalizada. Naciones del tercer mundo hacen tratos con las naciones desarrolladas para vender sus productos, obtener créditos bancarios. Estas alianzas tienen un precio alto. Dios dice en este pasaje que cuando se hace alianza con una nación poderosa buscando protección y sombra, los costos económicos y los intereses que se abonan a cambio de esa protección, no traerán provecho.

«La ayuda de Egipto no sirve
para nada; por eso la llamo:
"Rahab, la inmóvil"».
Isaías 30:7

¡Cuántas naciones pobres procuran desesperadamente estas alianzas! ¡Cuántas naciones pobres piensan que al hacer tratos económicos y alianzas diplomáticas, encontrarán prosperidad para sus pueblos! Pero la realidad es que alianzas como estas han producido más corrupción y más pobreza. Los pobres se empobrecen más y los líderes aumentan sus riquezas. Naciones que producen petróleo, que tienen abundancia de riquezas minerales y tierras fértiles, siguen siendo pobres. Las políticas aplicadas por muchos de sus líderes han dado como resultado una clase sumamente pobre y una minoría sumamente rica.

Eso es lo que produce el hombre cuando busca protección de los imperios de la tierra.

A todo esto, Dios previene:

> «Por eso su iniquidad se alzará
> frente a ustedes como un muro
> alto y agrietado, a punto de
> derrumbarse: ¡de repente, en un
> instante, se desplomará!
> Su iniquidad quedará hecha
> pedazos, hecha añicos sin piedad,
> como vasija de barro: ni uno solo
> de sus pedazos servirá
> para sacar brasas del fuego
> ni agua de una cisterna».
> Isaías 30:13-14

Dios dice que la caída de estas alianzas será repentina. En este muro de alianzas, Dios pondrá una grieta. A través de ella vendrá la caída de estos acuerdos. La destrucción será tan grande que se perderán todas las ganancias. La estructura que había sido edificada se derrumbará.

Después de la tragedia del 11 de septiembre vimos cómo la economía más fuerte del mundo tembló hasta sus fundamentos. Una de las industrias más poderosas en los Estados Unidos, las aerolíneas, suspendieron todos sus vuelos por más de tres días y luego los reanudaron paulatinamente. Las pérdidas fueron tan grandes que el gobierno tuvo que aportar más de doce mil millones de dólares para evitar su quiebra. Desde aquel ataque terrorista, las aerolíneas más poderosas del mundo han estado perdiendo millones de dólares por día. ¿Por qué? Porque la gente tiene miedo de volar. No es un problema económico, es espiritual. Esta crisis ha afectado la confianza de la gente para que no vuele, para que se queden en sus casas y no gasten su dinero. Este círculo de terror ha hecho que la economía global se afecte tanto que ya oímos de naciones enteras en bancarrota.

Aunque en la década de los noventa, la economía global aparentaba tener un crecimiento nunca visto, se elevaba como un muro alto y fuerte, Dios ya había puesto una grieta en ella. Un ataque terrorista, la crisis en Medio Oriente, la bancarrota de una nación del tercer mundo que ya no puede pagar sus préstamos, la devaluación del tesoro en algunas naciones, todas son grietas que Dios está usando para destruir las alianzas y las cubiertas, es decir, los acuerdos de protección y apoyo mutuo que han hecho las naciones.

¡Bendita es la nación que confía en el Dios de Israel!

5. El «Ay» contra los que confían en la fuerza humana

«¡Ay de los que descienden a Egipto en
busca de ayuda, de los que se apoyan en la
caballería, de los que confían en la multitud de
sus carros de guerra y en la gran fuerza de sus
jinetes, pero no toman en cuenta al Santo de
Israel, ni buscan al Señor!
Los egipcios, en cambio, son hombres y no
dioses; sus caballos son carne y no espíritu.
Cuando el Señor extienda su mano,
tropezará el que presta ayuda y caerá el
que la recibe. ¡Todos juntos perecerán!»
Isaías 31:1,3

Vivo en el área metropolitana de Nueva York, sede de las Naciones Unidas. Constantemente veo en las noticias cómo mandatarios y diplomáticos de las naciones de la tierra vienen a mi ciudad a elaborar acuerdos económicos y militares. La gente se impresiona con la riqueza y el poder de la ciudad de Nueva York. Las naciones que vienen buscando acuerdos internacionales se ilusionan con la posibilidad de ser poderosas y ricas. Pero esta ciudad y las naciones más ricas de la tierra, están compuestas por hombres, por frágiles seres humanos. Eso lo experimentamos claramente después de la tragedia del 11 de septiembre. Aun así muchos tienen la ilusión de radicarse aquí. Miles de inmigrantes llegan a Nueva York, a Los Ángeles, a Miami con la ilusión de que todo les irá mejor. Pero muchos terminan perdiendo a su familia, viendo a sus hijos ingresar al mundo de las drogas y el crimen. He visto familias enteras que servían al Señor con fervor en sus países, abandonar aquí los caminos de Dios. Él prohíbe que pongamos nuestra confianza en el poderío del hombre, en las riquezas y en las habilidades humanas.

6. El «Ay» contra Asiria, la destructora

«¡Ay de ti, destructor, que no has
sido destruido! ¡Ay de ti, traidor,
que no has sido traicionado!
Cuando dejes de destruir, te
destruirán; cuando dejes de
traicionar te traicionarán».
Isaías 33:1

La tormenta de Dios contra las naciones que se han opuesto a su voz, que se han olvidado del Creador y confían en sus fuerzas, vendrá a través de una nación destructora. En el caso de Israel, la destrucción vino por Asiria. En el caso de las naciones de hoy, vendrá a través de guerras civiles y religiosas.

En los próximos años veremos un aumento de la persecución e intolerancia religiosa. Este fanatismo producirá una crisis económica global. La mayoría de las naciones que producen petróleo son musulmanas. Estas naciones usarán esta poderosa arma contra Israel y el resto del mundo. Este enfrentamiento causará la destrucción de muchas economías fuertes.

También veremos un resurgimiento del budismo y el hinduismo. Este despertar religioso desatará una ola de fanatismo que producirá el derramamiento de mucha sangre.

También veremos un aumento progresivo de guerras y conflictos civiles. Se darán mayormente en las naciones pobres donde la gente se cansará de las promesas engañosas de sus líderes. Hay evidencias de que esto ha comenzado a suceder. La frustración de la gente es muy profunda y los líderes están tan borrachos con el fruto de su corrupción que ya no encuentran argumentos para calmar a sus pueblos.

Ante esta situación, Dios quiere sanar a las naciones. Dios quiere sanar a su nación. Esta es la promesa. En medio de esta sección de ayes y juicios, el Espíritu de Dios le dice al profeta Isaías:

1. Dios intervendrá en medio del juicio

> «Por eso el Señor los espera, para
> tenerles piedad; por eso se levanta
> para mostrarles compasión.
> Porque el Señor es un Dios
> de justicia. ¡Dichosos todos
> los que en él esperan!»
> Isaías 30:18

Dios espera. Esta palabra «espera», viene de la raíz hebrea «cortar a medida».

Esperar, para Dios, no es una acción indefinida. Cuando espera lo hace por un tiempo específico, él aguarda que llegue el momento que ya ha determinado en su presciencia para hacer justicia.

Dios es Dios de juicio pero también de misericordia. Las tormentas de los juicios de Dios siempre producen oportunidades para el arrepentimiento.

Estos juicios llevan a la gente a tener conciencia de lo pasajera que es la vida, de la posible existencia de un Dios a quien hay que rendirle cuentas, de la eternidad, de la vida después de la muerte. En estos tiempos de crisis, la gente busca respuestas. Lo hemos visto en Nueva York después de la tragedia del 11 de septiembre, lo vimos durante la Segunda Guerra Mundial, lo estamos viendo en nuestras naciones en Latinoamérica. Estas situaciones son las que Dios usa para llevar a la humanidad al arrepentimiento. Esa es la justicia de Dios. Los que confían y esperan en él, serán bienaventurados.

A pesar de las consecuencias desastrosas que produce el orgullo y la rebelión del hombre, Dios mostrará misericordia con las naciones de la tierra en un momento determinado.

Si se pregunta en qué momento Dios comenzará a sanar las heridas de las naciones, acompáñeme hasta el final del capítulo.

2. Promesa de su misericordia a los pueblos

«Pueblo de Sion, que habitas en
Jerusalén, ya no llorarás más. ¡El Dios
de piedad se apiadará de ti cuando
clames pidiendo ayuda!
Tan pronto como te oiga, te
responderá».
Isaías 30:19

Esta es una promesa poderosa. El pueblo que espera en Dios habitará en Sión. El monte de Sión está en el corazón de la ciudad de Jerusalén, donde Dios se estableció para gobernar a su pueblo y mostrar su gloria y magnificencia. Sión es el lugar donde Dios brilla, donde es admirado, donde reside su gloria, su presencia manifestada en todo su esplendor. Él promete que en medio de las crisis que están experimentando las naciones por sus pecados y rebeliones, habrá un pueblo que morará en su gloria. Morar en su gloria significa que este pueblo de gente temerosa de Dios, verá y experimentará la gloria de Dios continuamente.

3. Dios enviará maestros del Camino

«Aunque el Señor te dé pan de adversidad y agua
de aflicción, tu maestro no se esconderá más; con
tus propios ojos lo verás. Ya sea que te
desvíes a la derecha o a la izquierda, tus oídos
percibirán a tus espaldas una voz que te dirá:
"Éste es el camino; síguelo"»
Isaías 30:20-21

Junto con las tormentas que Dios enviará sobre las naciones, también establecerá maestros, instructores que enseñen a la gente cuál es el Camino. Cuando la Biblia habla acerca del «Camino» lo hace con un sentido específico. Esta palabra se usa por primera vez en el libro de Génesis:

> «Luego de expulsarlo, puso al oriente
> del jardín del Edén a los
> querubines, y una espada ardiente
> que se movía por todos lados,
> para custodiar el camino que lleva
> al árbol de la vida».
> Génesis 3:24

Cuando la Biblia habla del Camino, se refiere al que lleva al hombre a Dios.

Cuando Jesús se denominó como «el Camino, la Verdad y la Vida» estaba declarando que él era el Camino hacia la vida eterna; la Verdad, o el único camino; y el árbol de la Vida. El árbol de la Vida era la fuente de donde emanaba la vida de Dios. Este árbol producía el fruto que Adán y Eva debían tomar para poseer la vida eterna. Esta siempre estuvo en Cristo, por eso decimos que Jesús es el árbol de la vida porque de él recibimos la vida de Dios. Decimos que él es el Camino porque no podemos ir al Padre si no es a través de Jesús.

Dios dice que durante los momentos difíciles que vendrán sobre las naciones, él levantará maestros. No serán conferencistas o excelentes comunicadores, su función estará centrada en guiar a la gente a Jesús para que sean salvas.

Permítame relatarle un hecho verídico. Uno de los miembros de mi iglesia testificó acerca de su milagrosa experiencia durante la tragedia del 11 de septiembre. Sujoi, un joven inmigrante de la India, trabajaba en el piso 81 de una de las Torres Gemelas. A las 8:45 de la mañana, él estaba sentado en su escritorio tomando un café y preparándose para comenzar su día de trabajo. Mientras miraba por la ventana, vio cómo el primer avión se estrellaba contra la otra torre. Su corazón tembló porque su esposa trabajaba allí, en uno de los pisos más altos. Rápidamente, en la confusión llamó por teléfono a su esposa. Al no tener respuesta, comenzó a llamar a su familia y a algunos amigos para pedir ayuda. Dieciocho minutos después, el segundo avión se estrellaba contra el piso en donde estaba Sujoi. Vio cómo una de las alas penetraba su oficina e incendiaba casi todo el piso. Sujoi salió milagrosamente hacia la puerta y comenzó a descender por las escaleras repletas de gente que buscaba escapar de la muerte.

Cuando llegó al piso 54, entró a una de las oficinas para llamar por teléfono y averiguar algo sobre su esposa, pero no consiguió información. En ese piso aún funcionaba un ascensor. Rápidamente entró y se encontró con treinta personas más. En ese momento Sujoi se dio vuelta y mirándolos les preguntó: «¿Quiénes de ustedes quieren ser salvos?» Todos dijeron que sí. Entonces Sujoi les dijo: «Solamente pronuncien el nombre de Jesús». Todos en ese ascensor comenzaron a repetir el nombre de Jesús. Al llegar al primer piso, los pasajeros del ascensor salieron corriendo y a unos pocos pasos, el edificio se derrumbó sobre ellos. Sujoi, por dirección del Espíritu Santo, no los siguió sino que se quedó en un lugar apartado y desde allí vio cómo esas treinta personas pasaban a la eternidad con el nombre de Jesús en sus labios. Dios milagrosamente protegió a Sujoi de los escombros, de las vigas de acero y de los gigantescos pedazos de cemento que cayeron a su alrededor pero que no lo tocaron.

A los pocos minutos, una luz se encendió en medio de la oscuridad. Era una linterna en manos de un agente de policía que había caído herido. Sujoi se dirigió hacia él, lo levantó y le preguntó si quería ser salvo. Cuando el policía dijo que sí, Sujoi lo guió a repetir el nombre de Jesús. Finalmente, la luz de una ambulancia se prendió en medio de la oscuridad y pudieron salir a salvo. Ese agente de policía volvió a las ruinas de las torres y murió tratando de salvar a otros heridos. El policía también pasó a la eternidad con el nombre de Jesús en sus labios.

La Biblia dice que todo aquel que invoque el nombre del Señor, será salvo. Ese día de total destrucción, Sujoi guió a más de treinta personas a la vida eterna.

También debo decir que Dios protegió a la esposa de Sujoi. Ese día salió tarde de su casa y mientras viajaba a su trabajo, la llamaron para avisarle lo que había ocurrido.

Antes de esos acontecimientos, nadie conocía a Sujoi en nuestra iglesia. Era uno de esos jóvenes desconocidos. Cuando compartió este testimonio en uno de los cultos, confesó que unos días antes de la tragedia, sentado en uno de los bancos de la iglesia, le había dicho al Señor que quería ser usado, quería ser un instrumento en sus manos. Pero también dijo que se sentía desanimado porque nadie lo conocía y no tenía un testimonio impactante para compartir. Dios en dieciocho minutos le dio un testimonio tremendo y ha tenido que dejar su trabajo para viajar por todo el mundo contando su experiencia. No hace mucho tiempo, Sujoi pudo compartirlo en un muy conocido coliseo en medio de un juego de baloncesto y miles de personas comenzaron a gritar: ¡Jesús, Jesús!

Así son los maestros que Dios está levantando. Gente simple que guiará a los necesitados y desorientados a un conocimiento real de Jesucristo. ¿Alguna vez le ha dicho a Dios que usted no tiene talentos o conexiones para ser un maestro de Cristo en su nación? Recuerde el testimonio de Sujoi. Las palabras que saldrán de su boca serán Verdad y Vida.

4. La corrupción y la falsa religión serán descubiertas

«Entonces profanarás tus ídolos
enchapados en plata y tus imágenes
revestidas de oro; los arrojarás
como cosa impura, y les dirás: "
¡Fuera de aquí!"»
Isaías 30:22

En medio de la tormenta de Dios sobre las naciones, él mostrará a los pueblos que las riquezas no han servido para mejorar a la humanidad. Los pueblos llegarán a entender que las grandes empresas humanas han causado dolor y muerte. Entonces verán a las riquezas como abominación y hasta maldecirán al dinero.

En medio de esta tormenta, Dios sacará a luz las maneras en

que las religiones han llevado a los pueblos a la ignorancia y al vacío espiritual. Por eso declararán a las vestiduras, a los mantos que cubren a las imágenes fundidas en oro como abominables. La idolatría será expuesta públicamente como un fraude porque no ha bendecido a las naciones. La idolatría será echada fuera de los pueblos como trapo asqueroso porque muchos van a entender que la adoración a imágenes ha dejado a las naciones en el atraso y en la esclavitud mental. Sé que ese día será glorioso. Cuando el poder de la idolatría caiga, veremos la cosecha de almas más grande de la historia de la humanidad.

5. Los recursos financieros serán transferidos a los hijos de Dios

«El Señor te enviará lluvia para la semilla que
siembres en la tierra, y el alimento que produzca la
tierra será suculento y abundante. En aquel día tu
ganado pacerá en extensas praderas. Los
bueyes y los burros que trabajan la tierra
comerán el mejor forraje, aventado con
bieldo y horquilla».
Isaías 30:23-24

Durante ese tiempo de crisis mundial, los hijos de Dios experimentarán abundancia sin precedentes. El testimonio más poderoso será que mientras otros no tengan, la abundancia reinará en la casa de los hijos de Dios. La abundancia será tan grande que los animales comerán grano limpio. El grano limpio era el mejor grano, usado para hacer el mejor pan. El Señor enviará lluvia y toda semilla sembrada en la ciudad o pueblo donde vivimos, será prosperada.

6. Los monumentos humanos serán derribados

«En el día de la gran masacre, cuando caigan las
torres, habrá arroyos y corrientes de agua en
toda montaña alta y en toda colina elevada».
Isaías 30:25

¿Cuándo comenzarán a cumplirse estas promesas? ¿Cuándo llegará el día que Dios ha estado esperando? Será el día de la gran matanza, el día en que caerán las torres.

¡Eso ya está sucediendo!

Ha llegado el día. La tormenta de Dios está soplando sobre las naciones. Ya comenzó el día de la gran matanza y las torres comenzaron a caer. Las torres de Nueva York fueron las primeras torres de orgullo humano que cayeron. Caerán más. Todo lo alto y elevado que el hombre ha edificado caerá, y su vergüenza y vanidad serán expuestas. Hemos entrado en el tiempo del cumplimiento de la profecía de Isaías.

Pero ahora viene una gran promesa. Dios dice que brotarán ríos y corrientes de aguas en el mismo lugar en donde se produjo la matanza y cayeron las torres. ¿Qué significa esto? Dios es el único que puede prometer que de una calamidad, de un desastre nacional puedan salir ríos y corrientes de aguas que calmen la sed espiritual de la gente. Sí, en la grave situación que está atravesando tu nación, Dios manifestará su gracia y restaurará los corazones heridos, sanará con su presencia que correrá como corrientes de aguas. Dios promete que esta explosión de sanidad brotará desde el mismo lugar y desde las mismas situaciones producidas por el derrumbamiento de todo monte alto, todo collado elevado y toda torre edificada por el hombre y para la gloria del hombre.

¡Prepárate! La situación de crisis en tu nación será la plataforma que Dios usará para sanar los corazones, para sanar a tu nación.

7. Dios usará a sus hijos como instrumentos de sanidad

> «Cuando el Señor ponga una venda en la fractura de su
> pueblo y sane las heridas que le causó, brillará la luna
> como el sol, y será la luz del sol siete veces más intensa,
> como la luz de siete días enteros».
> Isaías 30:26

Después del día de la gran matanza, cuando caigan las torres, Dios manifestará su sanidad a través de sus hijos que fluirán en las ciudades como un río, como corrientes de aguas. Donde entre un hijo o una hija de Dios, allí habrá agua salutífera para sanar a los pueblos.

Este pasaje habla de la luna y del sol. La luna es símbolo de los hijos de Dios. La luna es un satélite que no tiene luz propia, solo refleja la luz del sol. El sol es una estrella que posee luz. El sol es símbolo del Jesucristo, el Hijo de Dios, la estrella de la mañana. Esta profecía dice que los hijos brillarán como brilla Jesús. Brillaremos con la luz de Cristo. Pero también dice que Jesús brillará siete veces, como la luz de siete días. El número siete es símbolo de perfección. Jesús brillará sobre las naciones en su totalidad, en toda su perfección. Jesús no será un camino más. Jesús será visto en las naciones como el único camino de salvación para la caótica situación de la humanidad. Esto sucederá el día que Dios vende la herida de su pueblo y cure la llaga que él causó. Esto sucederá cuando Dios comience a sanar a las naciones.

¿Cuándo será eso? ¡Ya comenzó a suceder! Estas son las señales:

• La tormenta de Dios está soplando sobre las naciones.
• La tormenta satánica está soplando contra los hijos de Dios.
• El pecado y la corrupción de los malos está siendo expuesto.
• La gloria del hombre y sus torres elevadas están cayendo.
• Dios está levantando una generación de hijos e hijas, desconocidos, humildes, que serán instrumentos de sanidad a su pueblo, a su ciudad y a su nación.

¡NO ESCAPES!

A través de los años, durante mis viajes ministeriales a las naciones, he visto las necesidades de los pueblos que han sido destruidos por la corrupción y la maldad. Al hablar con la gente, noto su dolor y frustración. Es muy natural que quieran escapar del hambre, de la desocupación, de la inestabilidad. Pero en estos días, Dios ha comenzado a ejecutar su palabra de sanidad a las naciones. La única manera de que la humanidad vea la bondad de Dios es experimentando primero la maldad y la inoperancia de sus líderes. Esta herida causada por el pecado, es permitida por Dios para que los pueblos vuelvan a él, el único que puede sanar y salvar. Pero estos días también son críticos porque muchos hijos de Dios quieren abandonar su tierra debido a la crisis que atraviesa.

Miremos en qué situación se encontraba David antes de llegar a ser rey de Israel.

> «Cuando David llegó a Nob, fue a
> ver al sacerdote Ajimélec, quien al
> encontrarse con David se puso
> nervioso. —¿Por qué vienes solo?
> —le preguntó —. ¿Cómo es que
> nadie te acompaña?»
> 1 Samuel 21:1

David estaba en peligro de muerte. El rey Saúl quería matarlo. Él necesitaba un refugio, un lugar donde Saúl no lo encontrara. Por eso fue a la casa del sacerdote Ajimélec. Este ministraba en el altar, era un hombre que estaba en la presencia de Dios; nieto del sumo sacerdote Elí, ministro principal en la ciudad de Silo, lugar en donde había reposado el arca de Dios por muchos años. Ajimélec vivía en Nob, un pueblo exclusivamente habitado por levitas.

> «En aquel tiempo el Señor designó
> a la tribu de Leví para llevar el arca
> del pacto y estar en su presencia, y
> para ministrar ypronunciar bendiciones
> en su nombre, como hasta hoy lo hace».
> Deuteronomio 10:8

Los levitas eran llamados a:

Cargar el arca del pacto (el lugar donde se manifestaba la gloria de Dios) sobre sus hombros.
Ministrarle a Dios, estando delante de su presencia y ofreciéndole el culto que él había ordenado.
Bendecir al pueblo en el nombre de Dios.

En momentos de necesidad, David se refugió en la casa de un hombre que cargaba con la gloria de Dios sobre sus espaldas; y que tenía autoridad divina para bendecirlo. David llegó solo. No tenía a dónde ir. Por temor a ser considerado débil le dijo al sacerdote que venía en una misión encomendada por el rey y que sus soldados lo encontrarían cerca de ese lugar. Nada de eso era verdad. David estaba huyendo para salvar su vida y se encontraba totalmente solo. Dios era el único que podía salvarlo.

David tenía mucha hambre al llegar y pidió de comer. El sacerdote solamente tenía pan de la presencia, pan sagrado. Este pan era hecho de harina de trigo purificado. Todos los viernes, al comenzar el día de reposo, los levitas cocían doce panes de la presencia y los colocaban en el santuario. Allí se quedaban por siete días y al sábado siguiente los sacaban y ponían panes frescos. Los panes que se quitaban del santuario podían ser ingeridos solo por los levitas del templo. Estos eran los panes que Ajimélec le ofreció a David y este los comió porque se había guardado de pecado y había cumplido con los requerimientos de los soldados que peleaban en guerras santas. Dios había establecido en Deuteronomio que al estar en guerra debían apartarse de toda cosa mala, de todo lo impuro, porque la presencia de Dios estaba en el campamento.

En el refugio de Dios, David comió alimentos sagrados, ungidos por la presencia de Dios porque a pesar de que estaba huyendo, se oponía a los enemigos de Dios en el campo de batalla y se había cuidado de no violar las leyes divinas.

«Porque el Señor tu Dios anda por tu
campamento para protegerte y para
entregar a tus enemigos en tus
manos. Por eso tu campamento
debe ser un lugar santo; si el Señor
ve algo indecente, se apartará de ti».
Deuteronomio 23:14

David huyó de Saúl sin protección, no tenía con qué defenderse. Después de comer, le preguntó al sacerdote si tenía armas.

«El sacerdote respondió: —Aquí
tengo la espada del filisteo Goliat, a
quien mataste en el valle de Elá.
Está detrás del efod, envuelta en un
paño. Puedes llevártela, si quieres.
Otras armas no tengo. —Dámela
—dijo David —. ¡Es la mejor
que podrías ofrecerme!»
I Samuel 21:9

Aparentemente todo iba bien. David estaba en el refugio sacerdotal, bajo la bendición divina, alimentado con pan sagrado y ahora tenía el trofeo de la gran victoria contra Goliat, el gigante. Pero
en aquel lugar había alguien escondido.

«Aquel día estaba allí uno de los
oficiales de Saúl, que había tenido
que quedarse en el santuario del
Señor. Se trataba de un edomita
llamado Doeg, que era jefe de los
pastores de Saúl».
I Samuel 21:7

Había un espía en el refugio escogido por David. Uno de los
principales de Saúl había sido detenido por voluntad de Dios. Imagínese, un espía en el lugar donde David creía estar seguro.

«Doeg el edomita, que se encontraba
entre los oficiales de Saúl, le dijo: —
Yo vi al hijo de Isaí reunirse en Nob con
Ajimélec hijo de Ajitob. Ajimélec
consultó al Señor por David y le dio
provisiones, y hasta le entregó la
espada de Goliat».
I Samuel 22:9-10

El espía denunció a David. Ahora Saúl tenía información secreta y podía seguir sus pasos para destruirlo. Entonces mandó llamar al sacerdote con toda su familia, los culpó de ayudar a David y los sentenció a muerte.

«Así que el rey le ordenó a Doeg:
—¡Pues mátalos tú! Entonces Doeg el edomita
se lanzó contra ellos y los mató. Aquel día mató a
ochenta y cinco hombres que tenían puesto el
efod de lino. Luego fue a Nob, el pueblo de los
sacerdotes, y mató a filo de espada a hombres
y mujeres, a niños y recién nacidos, y hasta
a los bueyes, asnos y ovejas».
1 Samuel 22:18-19

Esto fue una atrocidad. Fue un día de gran matanza. Los sacerdotes de Dios y sus familias fueron destruidos. Solo Abiatar, el hijo de Ajimélec quedó vivo y fue a decirle a David lo que Saúl había hecho.

«David le respondió:
—Ya desde aquel día, cuando vi a Doeg
en Nob, sabía yo que él le
avisaría a Saúl. Yo tengo la culpa de que
hayan muerto todos tus parientes».
1 Samuel 21:22

¡Qué cargo de conciencia! David se sentía culpable de esa matanza. Entonces sus siervos, soldados expertos en batallas, le aconsejaron que escapara al monte, a un lugar alto. Ellos sabían que allí podría estar seguro porque las armas y los caballos del ejército convencional de Saúl no llegarían y sería mucho más fácil pelear. Pero para David no había refugio. El lugar que creía seguro no existía más. Los sacerdotes estaban muertos y la ciudad sacerdotal destruida. En ese preciso momento, David escribe el Salmo 11:

«En el Señor hallo refugio. ¿Cómo,
pues, se atreven a decirme: "Huye al
monte, como las aves"?»
Salmo 11:1

Dios ordenó a Israel que no confiara en carros de hierro.
Cuando Israel peleaba, lo debía hacer a pie, con arcos, flechas,
jabalinas y escudos. Los enemigos de Israel usaban carros de hierro y caballos. Cuando Israel peleaba en los valles, se enfrentaba a estos carros y era derrotada por temerles. En la conquista
de Canaán, los israelitas arrojaron a los pueblos de las montañas pero no pudieron derrotar a los que se encontraban en los
valles porque Israel le temía a sus carros. Dios les había dicho
que no debían poner su confianza en los carros y caballos. Su
confianza debía estar en Dios. Este les estaba enseñando que no
tenían que temer a las armas de sus enemigos porque él iba a
pelear por ellos.

Israel se había acostumbrado a pelear en los montes, donde los
carros no podían subir. Por eso sus enemigos decían que el Dios
de Israel era el Dios de las Alturas, porque los ayudaba en los montes, pero no en los valles.

Esa era la idea detrás del consejo de los siervos de David. En
el monte, en los lugares altos, sabían pelear muy bien. Eran lugares
cómodos y familiares para ellos.

Uno de los salmos más conocidos es el 121.

«A las montañas levanto mis ojos;
¿de dónde ha de venir mi ayuda? Mi
ayuda proviene del Señor, creador
del cielo y de la tierra».
Salmo 121:1

El salmista , rodeado de enemigos, busca ayuda divina y lo primero que hace es mirar a las montañas. Pero su conclusión es: Mi
ayuda no vendrá de allí, vendrá de Dios, Creador de los cielos y la
tierra. El socorro de Dios funciona en los cielos, en las alturas y

también en la tierra, en los valles. Por eso el salmista dice:

> «Mi ayuda proviene del Señor,
> creador del cielo y de la tierra. No
> permitirá que tu pie resbale; jamás
> duerme el que te cuida. Jamás duerme
> ni se adormece el que cuida de Israel.
> El Señor es quien te cuida, el Señor
> es tu sombra protectora. De día el sol
> no te hará daño, ni la luna de noche.
> El Señor te protegerá; de todo mal
> protegerá tu vida. El Señor te cuidará en
> el hogar y en el camino, desde ahora y
> para siempre».
> Salmo 121:3-8

El socorro de Dios no opera solo en los lugares donde sabemos maniobrar, donde el territorio nos es familiar, donde estamos rodeados de familiares, hermanos y amigos. El socorro de Dios es poderoso para manifestarse en todo lugar.

David gritó: ¡Yo he confiado en Dios! ¿Por qué me están diciendo que escape? David había visto la misericordia de Dios con él. Había sido testigo del poder de Dios a su favor, librándolo de los animales salvajes de la noche y de la mano de Goliat en el campo de batalla. Aunque Saúl fuera tras él para matarlo, no podía huir.

> «Vean cómo tensan sus arcos los
> malvados: preparan las flechas
> sobre la cuerda para disparar desde las
> sombras contra los rectos de corazón.
> Cuando los fundamentos son destruidos,
> ¿qué le queda al justo?»
> Salmo 11:2-3

David recibió la noticia de que los malos habían asaeteado a los sacerdotes, a los rectos de corazón. El fundamento, el culto a Dios, había sido destruido casi en su totalidad. Los sacerdotes eran los únicos que podían ministrar a Dios. Los malos los habían exterminado. Doeg, actuando como espía, había traído desolación.

Pero frente a todo esto, Dios le dice a David:

«El Señor está en su santo templo...»
Salmo 11:4a

Una mejor traducción de este pasaje sería: «Yo Soy establecido en consagrado santuario».

Con esta seguridad, y a pesar de sentirse culpable de la muerte de los sacerdotes y escuchar a sus soldados aconsejarle que escapara a las montañas, David declara en fe: El Gran Yo Soy, el Dios del pacto eterno, está establecido en su consagrada habitación. No aparece y desaparece o se manifiesta de vez en cuando. Él está establecido y su santuario está firme.

Hoy entendemos esta verdad. El santuario de Dios no es una casa hecha por mano de hombre. El santuario consagrado para habitación de Dios son sus hijos e hijas, templos del Espíritu Santo.

En aquel tiempo, la gloria de Dios moraba entre los querubines que estaban sobre el arca del pacto. En el día de Pentecostés, la gloria del Señor vino sobre los ciento veinte y los llenó con su presencia. Después de ese día, el Espíritu de Dios no ha estado «sobre» los hijos de Dios, sino «en» los hijos de Dios. Somos morada de Dios, casa espiritual.

«...también ustedes son como piedras
vivas, con las cuales se está edificando
una casa espiritual. De este modo
llegan a ser un sacerdocio santo, para
ofrecer sacrificios espirituales que Dios
acepta por medio de Jesucristo».

Pero debemos entender que Dios no «está» simplemente en nuestras vidas. No está solo a nuestro lado como poderoso gigante. Él está establecido en nosotros porque somos su habitación, el lugar consagrado para que él repose y se manifieste a los que no lo conocen. De la misma manera que la gloria de Dios brillaba sobre el arca, brillará sobre nosotros, sus templos, sus santuarios.

Si usted siente su presencia, él está establecido. Si algunas veces no la siente, él sigue establecido en usted.

Esta es una palabra para todos aquellos que al mirar la situación de su nación se están preguntando: ¿Dónde está Dios? ¿Por qué Dios está permitiendo que los suyos sufran y hasta sean martirizados? No conocemos el porqué, pero aun así Dios está establecido en los suyos y no ha cambiado sus planes y sus propósitos.

«...en los cielos tiene el Señor su trono...»
Salmo 11:4b

Aunque Dios dice que sus hijos son su santuario, también dice que su trono, su lugar de gobierno está en los cielos. Él gobierna desde las alturas. Su trono de juicio y autoridad es alto y sublime. Él conoce el pasado, el presente y el futuro. Nosotros tenemos una perspectiva distinta y limitada. No podemos ver lo que sucederá mañana. Solo entendemos lo que vemos.

«...y atentamente observa al ser
humano; con sus propios ojos lo
examina. El Señor examina a justos y
a malvados, y aborrece a los que aman la
violencia. Hará llover sobre los malvados
ardientes brasas y candente azufre; ¡un
viento abrasador será su suerte!»
Salmo 11:4b-6

Desde su perspectiva, Dios está mirando y examinando a los hijos de los hombres, malos y justos. Los justos son probados, aprobados y aceptos en el Amado. Pero los malos son rechazados por Dios porque aman la violencia, la injusticia y la crueldad. Desde su trono ya ha dado la sentencia:

a. Calamidades: Trampas para atrapar a las presas. Los malos caerán en trampas preparadas por Dios. Nadie escapa de ellas.

b. Fuego y Azufre: Llamas y piedras destructoras. Los malos y sus obras serán destruidos y no quedará recuerdo de ellos. Fuego y azufre es una clara referencia a la destrucción de Sodoma y Gomorra. Estas ciudades sufrieron tal destrucción que no ha quedado prueba arqueológica de su existencia. Así sucederá con los malos y sus obras, con los gobernantes y líderes malvados.

c. Viento Abrasador: Un soplo, un viento que incinera. Como soplan los huracanes y vientos sobre la tierra, así soplará la ira de Dios quemando todo lo malo.

Esta será la porción de la copa que les tocará a los malos. Es difícil ver cómo los corruptos disfrutan de la protección de sus ejércitos y sus aliados. Pero esto no durará mucho tiempo más. Dios ha comenzado a soplar estos vientos de fuego y sus obras quedarán al descubierto. Hoy vemos cómo los líderes que eran intocables, están siendo enjuiciados. Líderes que nadie se atrevía a enfrentar, hoy deben esconderse en sus fortalezas y ser protegidos por fuerzas policiales porque las masas se han levantado en señal de protesta y ya no temen a sus amenazas.

Pero, ¿qué sucederá con los justos, con los rectos de corazón? ¿Qué sucederá con los hijos y las hijas de Dios?

«Porque Dios es justo, y ama la justicia;
el hombre recto mirará su rostro».
Salmo 11:7

Los justos contemplarán el rostro de Dios. Los justos contemplarán la gloria de Dios. Esta es una de las promesas que todavía no se han cumplido en nuestras vidas. La Iglesia ha experimentado grandes avivamientos a lo largo de la historia. Su crecimiento numérico es enorme. Pero todavía no vemos el rostro de Dios manifestado, su gloria.

Moisés quería conocer a Dios íntimamente, quería verlo. Él le concedió esa petición en parte. Cuando Moisés estaba en el monte Sinaí, Dios descendió pero escondió a Moisés en la hendidura de una roca y lo cubrió con su mano. A Moisés no le era permitido ver la gloria de Dios en su totalidad. Ver su gloria traía como consecuencia la muerte. El que veía su rostro moría. Cuando Dios descendió con su gloria, Moisés solo pudo ver algo de la gloria que quedó por donde Dios pasó. El efecto de esa experiencia fue tan poderoso que su rostro brilló por varios días. Este brillo era tan intenso que la gente puso un velo sobre su rostro.

Esa fue la experiencia de Moisés, pero murió con el deseo de ver la gloria de Dios en toda su plenitud.

Mil trescientos años después, Jesús sube a un monte alto en la región de Galilea, la tierra prometida y se transfigura en presencia de Juan, Pedro y Jacobo. Mientras brillaba con la gloria de su Padre, Moisés y Elías se presentaron. Moisés, en ese monte, vio la gloria de Dios en Jesucristo. Finalmente entró espiritualmente a la tierra prometida y contempló mil trescientos años después de su muerte, el rostro de Dios en la faz de Jesucristo. ¡Dios cumple sus promesas!

«Porque Dios, que ordenó que la luz
resplandeciera en las tinieblas, hizo
brillar su luz en nuestro corazón para
que conociéramos la gloria de Dios que
resplandece en el rostro de Cristo».
2 Corintios 4:6

Los justos veremos el rostro glorioso de Jesucristo. Esto no se refiere al día en que le veremos tal como él es, sino a que veremos su gloria manifestada en las naciones.

Este pasaje dice claramente que el único que resplandece con la gloria de Dios es el Hijo, Jesús. Por lo tanto, el rostro glorioso de Jesucristo brilla cuando un alma reconoce sus pecados y le recibe como su Salvador. Esa alma ha recibido la luz de Jesús. En el momento de la salvación, la gloria de Dios que solo brilla en el rostro de Jesucristo, resplandece en nuestros corazones porque Jesús, el glorificado, habita en nosotros.

Su rostro también será manifestado cuando los corazones sean iluminados y los pueblos lo conozcan y lo reciban. Veremos la gloria de Jesús en la salvación de millones de almas. De todas las naciones, tribus y lenguas vendrán a los pies de Jesucristo. Será declarado Señor de las naciones y estas serán sanadas.

Este no es tiempo de escapar. No es tiempo de ver la situación de su nación desde la perspectiva humana. Dios está establecido en sus hijos. Ninguna destrucción vendrá sobre ellos. El socorro de Dios se manifestará en el momento oportuno. Dios está mirando y examinando todo desde su trono. Él conoce la trayectoria de los gobiernos, ha visto las alianzas que han hecho. Conoce los secretos escondidos en computadoras, en cuentas bancarias, cada intercambio fraudulento e ilegal. No hay lugar donde se puedan esconder de los ojos de Dios. Él está haciendo justicia y este es solo el comienzo. Por eso, no escape. No huya al monte, a los lugares que le ofrecen una falsa comodidad. Hasta las naciones más prósperas caerán bajo el juicio de Dios, no habrá excepción. Dios le guardará en su pueblo, en su ciudad, en su nación. El abrigo del Altísimo no es mejor en las naciones más desarrolladas. Él es su guardador y está establecido en su vida. Él probará a los justos en su nación y verán el rostro de Jesús manifestado en la sanidad de su tierra y en la salvación de las multitudes.

«Pero tenemos este tesoro en
vasijas de barro para que se vea que
tan sublime poder viene de Dios y
no de nosotros».
2 Corintios 4:7

La gloria de Dios que recibimos a través de la salvación en Cristo Jesús, está depositada en nuestras frágiles vidas. Aunque poseemos esta gloria, el Espíritu Santo desea manifestarla para que no quede oculta en nuestras vidas. Por eso Dios prueba al justo, para que la gloria se manifieste.

> «Nos vemos atribulados en todo, pero
> no abatidos; perplejos, pero no
> desesperados; perseguidos, pero no
> abandonados; derribados, pero no
> destruidos. Dondequiera que vamos,
> siempre llevamos en nuestro cuerpo la
> muerte de Jesús, para que también su
> vida se manifieste en nuestro cuerpo.
> Pues a nosotros, los que vivimos,
> siempre se nos entrega a la muerte por
> causa de Jesús, para que también su
> vida se manifieste en nuestro cuerpo
> mortal».
> 2 Corintios 4:8-11

Este es el proceso que Dios usa para que no se estanque lo que está en nosotros, sino que se manifieste.

Pasamos por:
Tribulaciones: lugares apretados, estrechos.
Pero no estamos:
Angustiados: aplastados.
Pasamos por:
Apuros: situaciones que no tiene salida ni solución humana.
Pero no estamos:
Desesperados: sin esperanza, sin solución.
Pasamos por:
Persecuciones: amenazas para que salgamos huyendo.
Pero no estamos:
Desamparados: abandonados en un lugar desértico, solitario
Somos:
Derribados: derrumbados por un golpe (como un boxeador).
Pero no estamos:
Destruidos: terminados, finalizados, quitados del combate.

Estas son las experiencias que atraviesa el creyente. Pero también en cada prueba, Dios nos da su promesa. Estas pruebas son para que la vida, la gloria de Cristo se manifieste en nosotros. ¿A qué vida se está refiriendo esta palabra? Al espíritu de vida que se manifestó en Cristo Jesús, resucitándolo de los muertos. Poseemos la vida de Cristo, la vida de resurrección. ¿Cómo lo sabemos? Un día, esa vida que ya está en nosotros se manifestará y nuestro cuerpo será glorificado para estar con él por la eternidad. Pero esa vida de resurrección, se quiere manifestar en nosotros ahora. Por eso, no se escape de las pruebas, de las persecuciones, de los aprietos, de los apuros. La vida de Cristo se manifestará en usted para que el mundo vea a una persona que es sostenida con una vida distinta, sobrenatural. El mundo verá que a pesar de que atraviese por dificultades, no está reaccionando de la misma manera que otros reaccionan normalmente. El mundo, sus familiares y sus conocidos verán que el que tiene la vida de Cristo, no se desespera, porque tiene fe de que Dios le salvará.

Estamos viendo el rostro de Dios, estamos comenzando a ver una manifestación de su gloria. Usted dirá ¿dónde? Viviendo en la ciudad de Nueva York, me he acostumbrado a la dureza y la insensibilidad de la gente. Las personas que habitan esta gran metrópolis son orgullosas, insensibles y muchos dicen que somos antipáticos. En esta ciudad se ha predicado el evangelio. Los más grandes y conocidos evangelistas han predicado en coliseos, en la televisión diariamente, en emisoras de radio. Pero esta ciudad ha resistido el mensaje de Dios.

Después de la tragedia del 11 de septiembre, una transformación ocurrió. Hemos visto cómo la gente en general se ha abierto al mensaje de Dios. Los medios de comunicación están invitando constantemente a los ministros y pastores de la ciudad para hablar de Dios y ministrar un mensaje de consolación. Por primera vez en la ciudad, ejércitos de creyentes han salido a las calles para orar por la gente. Lo más interesante de esto es que la gente lo permite, ya no hacen muecas o insultan como lo hacían antes. Los mismos líderes del gobierno han estimulado a las personas a orar y buscar a Dios.

Particularmente se ha notado un interés muy marcado en los departamentos de policía y de bomberos. En la tragedia murieron muchos de ellos. Los jefes de estos departamentos han pedido que los pastores de la ciudad pasen diariamente, dos veces al día, para orar por los agentes y los bomberos que comienzan sus turnos. Esto no se veía antes del 11 de septiembre. En los medios masivos de comunicación, si alguien nombraba a Dios, llamaban para quejarse. Hoy ya nadie se queja. Hemos comenzado a ver el rostro de Jesucristo en nuestra ciudad. En medio de la peor tragedia de su historia, el rostro de Dios está brillando.

En medio de la tragedia que vive su nación, el rostro de Jesús será visto y su poder sanador fluirá como un río, como corrientes de aguas salutíferas y los corazones de la gente serán iluminados para que la gloria de Jesucristo sea conocida por ellos.

VASIJAS NUEVAS

Hasta aquí hemos llegado a dos conclusiones:
Las naciones necesitan sanidad.
Dios quiere sanarlas.

La pregunta que nos hacemos ahora es: ¿Cómo se logrará la sanidad de las naciones? Pues bien, Dios las sanará a través de vasijas nuevas llenas de sal.

En el libro de 2 Reyes leemos sobre la sanidad de la ciudad de Jericó a través del ministerio de Eliseo, profeta que recién comenzaba su ministerio en Israel después de haber pasado un buen tiempo al lado del profeta Elías.

Elías había profetizado y ministrando por años. El mayor problema que enfrentaba era la idolatría de Israel. Ella nunca había sido desarraigada, y en los días de Elías, la adoración a Baal y a Asera se fortalecía a través de la influencia de Jezabel, esposa de Acab, rey de Israel.

Antes de que Acab fuese nombrado rey, su padre Omri hizo alianza con los sidonios. Posiblemente esta alianza fue la que motivó el matrimonio de su hijo Acab con Jezabel, la hija del rey sidonio Etbaal. Jezabel fue la promotora del culto a Baal y a Asera, imágenes construidas por el hombre.

Baal significa «señor, esposo» y era el dios de la lluvia y la tormenta. Asera significa «estrella» y era la diosa de la fertilidad. No es difícil entender por qué la gente de aquel tiempo adoraba a estos falsos dioses. Baal representaba al dios que proveía lluvia para la agricultura, base de su alimentación, y Asera la fertilidad a los matrimonios, que al tener familias numerosas, aseguraban la mano de obra que necesitaban para trabajar la tierra. A cambio de eso, se demandaban ofrendas y adoración.

El culto a estos dioses era inmoral y sanguinario. Se ofrecían sacrificios humanos y se ejercía la prostitución en los templos.

En medio de esta situación apareció el profeta Elías para detener el avance de la idolatría que amenazaba con destruir el culto a Dios.

Pero la cuestión no era la idolatría. El problema central estaba en el corazón de la nación y de sus gobernantes. Los ídolos solo manifiestan la debilidad y los pecados escondidos en los corazones de las personas. Israel fue tras estos ídolos porque no confiaban en el Dios de Israel. Dios prometió bendecir la tierra y multiplicar su descendencia. Pero estas promesas venían acompañadas de una demanda suprema: obediencia a sus mandamientos y confianza en el Dios de Abraham, Isaac y Jacob, el Dios invisible.

¿Qué sucede cuando una nación no confía en Dios? Se buscan ídolos, dioses que reflejen los temores y debilidades de los pueblos. Una vez que estos ídolos se establecen y se entronizan sobre las culturas, los demonios se adueñan de ellos y despliegan su poder atemorizando a la gente con demostraciones sobrenaturales falsas.

Así se encontraba Israel, y así están muchas naciones hoy. En Latinoamérica las sectas y creencias autóctonas reflejan la manera en que las personas se someten voluntariamente a estas fábulas.

Hay tanta necesidad en nuestros pueblos que la gente fabrica ídolos continuamente con la esperanza de ver solucionados sus problemas. Pero esto siempre produce mayor esclavitud espiritual, ignorancia y destrucción.

El hombre siempre termina adorando a lo que teme. Si teme a la pobreza, termina adorando al dinero. Si teme a la soledad y a la debilidad, termina adorando al poder y sometiéndose a la influencia de otros. Si teme a la ignorancia, termina adorando al conocimiento y a la ciencia. El pueblo de Israel temía a sus enemigos, por eso hacía alianzas con ellos. Temían a la escasez, y terminaron adorando a los dioses de la lluvia y la fertilidad. Temían a los dioses visibles de sus enemigos y terminaron adorándolos.

En estas circunstancias Elías es levantado por Dios y llamado a:

•Alzar su voz y declarar sin temor la autoridad suprema que el Dios de Israel tenía sobre los otros dioses.

•Restaurar la auténtica y verdadera adoración a Dios.

•Restaurar el altar de adoración al Dios de Israel.

En el capítulo dieciocho del primer libro de Reyes, Elías tuvo un enfrentamiento público con los profetas de Baal en el Monte Carmelo. Este sitio había sido en un tiempo un lugar de adoración al Dios de Israel pero ahora era utilizado para rendirle culto a Baal. Allí Elías los desafió a que hicieran descender fuego del cielo. Él había edificado un altar con doce piedras, representando el número de las tribus del pueblo de Dios, y sobre él puso el sacrificio de un buey como holocausto a Jehová. Los sacerdotes de Baal pidieron que descendiera fuego, pero nada sucedió. Este era un altar de Jehová, un lugar que recordaba que él era el Dios de Israel. Cuando el profeta oró, cayó fuego del cielo y consumió el altar y la ofrenda puesta sobre él. Elías había restaurado el altar de adoración al único y verdadero Dios. Después de esto, Elías llevó a los cuatrocientos cincuenta sacerdotes de Baal al arroyo de Cisón y allí los degolló.

Hacía varios años que no llovía en Israel. Elías había profetizado juicio sobre el pueblo idólatra y detenido la lluvia. Baal, el dios de la lluvia, fue avergonzado. Después de esta poderosa manifestación del poder de Dios en contra de los sacerdotes de Baal, el pueblo de Israel volvió a creer en Dios. Entonces Elías oró y volvió a llover.

En los últimos años, Dios ha levantado a una generación de Elías que han restaurado el altar de adoración a Dios.

Dentro de nuestras congregaciones preferíamos cantarle y gritarle más a Satanás que a Jesucristo.

Muchas veces me he preguntado si detrás de esos gritos había fe o temor y llegué a esta conclusión: Le hemos tenido temor a Satanás. Por eso necesitábamos reclamar continuamente el poder de la sangre de Cristo. No estoy diciendo que esto no se deba hacer, pero creo que la fe nos lleva sencillamente a declarar lo que Cristo ha hecho en la cruz y a celebrar su victoria.

Dios ha levantado a una generación de adoradores en estas últimas décadas que, como Elías, han restaurado el altar a Dios.

¡A Dios sea la gloria!

Después de que Dios manifestara su poder haciendo descender fuego sobre el altar, podríamos pensar que desapareció la idolatría. Pero no fue así.

«Acab le contó a Jezabel todo lo que Elías
había hecho, y cómo había matado a todos
los profetas a filo de espada. Entonces
Jezabel envió un mensajero a que le dijera
a Elías: "¡Que los dioses me castiguen sin
piedad si mañana a esta hora no te he
quitado la vida como tú se la quitaste a ellos!"
Elías se asustó y huyó para ponerse a salvo.
Cuando llegó a Berseba de Judá, dejó allí a su
criado y caminó todo un día por el desierto.
Llegó adonde había un arbusto, y se sentó a
su sombra con ganas de morirse. "¡Estoy
harto, Señor! —protestó—.
Quítame la vida, pues
no soy mejor que mis antepasados"».
1 Reyes 19:1-4

Jezabel le mandó un mensaje de muerte. Satanás quería matar a Elías. El profeta creyó esta amenaza y huyó. Dios tuvo que consolarlo en el desierto. Las últimas palabras que Elías le dijo a Dios fueron:

«Él respondió: —Me consume mi amor
por ti, Señor, Dios Todopoderoso.
Los israelitas han rechazado tu pacto,
han derribado tus altares, y a tus
profetas los han matado a filo de
espada. Yo soy el único que ha quedado
con vida, ¡y ahora quieren matarme
a mí también!»
1 Reyes 19:14

Dios oyó las palabras de Elías y le dijo:

«—Regresa por el mismo camino, y ve al
desierto de Damasco. Cuando llegues allá,
unge a Jazael como rey de Siria, y a Jehú
hijo de Nimsi como rey de Israel; unge
también a Eliseo hijo de Safat, de Abel
Mejolá, para que te suceda como profeta.
Jehú dará muerte a cualquiera que escape
de la espada de Jazael, y
Eliseo dará muerte a cualquiera que
escape de la espada de Jehú».
1 Reyes 19:15-17

A pesar de que Elías había sido una voz profética en Israel, ahora era quitado por Dios para poner en su lugar a un nuevo profeta. La destrucción de Jezabel tendría que haber sido obra de Elías, pero él se atemorizó y no cumplió con todo el propósito que Dios tenía con su vida.

Cuando una generación no cumple con los propósitos divinos,

Dios levanta a otra que sí lo hará.

Lo que diré ahora, es difícil. La generación de Elías que Dios ha levantado para restaurar el altar a Dios en las naciones, no ha cumplido con este propósito. Esta generación se ha quedado dentro de las cuatro paredes de la iglesia. Nos ha enseñado a adorar, pero no ha salido a destruir la idolatría. No ha hablado con voz profética a los líderes y al espíritu de Jezabel que los gobierna por miedo a ser rechazados.

A muchos de esta generación se los ha amenazado, han sufrido falsas acusaciones, se les ha dicho que no hablaran más porque se les cerrarían las puertas de ciudades y naciones. La palabra para enfrentar al espíritu de Jezabel no ha sido proclamada. El mensaje contra la idolatría no ha sido claro. Por eso Dios ha levantado una generación nueva de Eliseos que se atreverán a hacer lo que la pasada generación no hizo.

Yo mismo he tenido la triste experiencia de ver cómo personas que ocupan lugares de autoridad, ungidas por Dios para gobernar los asuntos de su pueblo, han preferido evitar escándalos que enfrentarse al espíritu de Jezabel. Cuando se los reta a tomar su lugar, dicen que no vale la pena la confrontación pública. Muchos líderes prefieren pasar por alto los errores antes que tener una crisis en las relaciones públicas.

La generación de Elías ha sido usada, pero la de Eliseos se levanta para sanar a las naciones.

Elías encontró a Eliseo arando, trabajando en el campo de su familia. Le echó su manto y Eliseo fue su siervo. Pero antes de transferir su autoridad, Elías quiso probar su fidelidad. En su travesía a través de Gilgal, Betel, Jericó y el Jordán, Elías le pedía que lo dejara, que se quedara en alguna ciudad. Pero a ese pedido Eliseo respondía que no lo dejaría. Cuando llegaron al Jordán, Elías le dijo a su siervo fiel:

«—¿Qué quieres que haga por ti antes
de que me separen de tu lado? —
Te pido que sea yo el heredero de
tu espíritu por partida doble
—respondió Eliseo».
2 Reyes 2:9

La doble porción le pertenecía al primogénito de la familia. Cuando el padre repartía sus bienes antes de morir, le daba dos porciones al primogénito y una porción a los demás hijos. Eliseo se consideraba hijo espiritual del profeta que iba a ser quitado, por eso quería la doble porción.

Eliseo pidió tomar el lugar de Elías, pero la condición era que tenía que verlo partir. Cuando Elías fue llevado por Dios en un carro de fuego, dejó su manto. Entonces Eliseo lo levantó, se paró a la orilla del río Jordán e hizo su primer milagro como profeta: tocó las aguas y se dividieron. Elías terminó su trabajo, el altar a Dios fue restaurado. Ahora Eliseo se levantaba para sanar a la nación.

Rápidamente Dios envió a Eliseo a Jericó. Este fue el primer lugar en donde la unción de Dios se manifestó en el profeta.

Al acercarse a la ciudad de Jericó, los hombres de la ciudad salieron a su encuentro. Estos tenían un problema y se lo dijeron al profeta.

> «Luego, los habitantes de la ciudad
> le dijeron a Eliseo: —Señor, *como usted*
> *puede ver*, nuestra ciudad está bien
> ubicada, pero el agua es mala, y por
> eso la tierra ha quedado estéril».
> 2 Reyes 2:19

De este versículo podemos extraer algunas características importantes de los hombres de la ciudad.

1. Dios usa a hombres y mujeres involucrados con su ciudad

Los hombres y mujeres que Dios usará para sanar a su nación, son personas «de la ciudad». Los hombres que salieron al encuentro de Eliseo no eran simples residentes de Jericó. Eran los responsables de la ciudad.

2. Estos hombres y mujeres tienen carga por su ciudad

Son personas que se desviven por su ciudad. Se sienten responsables frente a Dios por su situación. Son líderes que no piensan solo en su grupo o comunidad, sino que sienten que Dios le ha entregado a su ciudad y por eso deben ir a ella y no esperar que ella venga a su congregación. Estos son los que están orando, ministrando y sembrando siempre.

3. Los hombres y mujeres de la ciudad conocen los propósitos que Dios tiene con su tierra

Los líderes de Jericó declararon que el lugar donde estaba colocada la ciudad era «bueno». Jericó era un lugar estratégico, se debía pasar por allí para llegar a Jerusalén.

Los que llevan la carga de su ciudad y de su nación, conocen los propósitos que Dios tiene con su tierra.

Dios ha levantado a estos hombres en diferentes ciudades alrededor del mundo. Él está revelando a través de su espíritu los propósitos que tiene con cada ciudad y con cada nación.

En estos últimos años he tenido la bendición de conocer a muchas de estas personas. Algunos son líderes, pero la gran mayoría son desconocidos.

4. Los hombres y las mujeres de la ciudad conocen los conflictos de su territorio

Los líderes de Jericó dijeron:

> «...pero el agua es mala, y por eso la
> tierra ha quedado estéril».
> 2 Reyes 2:19b

Los hombres y mujeres de la ciudad conocen por revelación divina cuáles son los conflictos espirituales que dominan a su territorio. En Jericó había dos problemas:

a. Las aguas eran malas

Este era un problema gravísimo para Jericó. Como era la ciudad por la que obligatoriamente todo judío tenía que pasar para entrar o salir de Jerusalén, las aguas debían ser buenas. Varias veces al año, miles de judíos tenían que ir a Jerusalén para celebrar las fiestas prescritas en la ley de Moisés. Jesús mismo pasó por Jericó varias veces. Si el agua no era potable, los visitantes no pasaban y los habitantes de la ciudad sufrían las consecuencias.

En el lenguaje metafórico de la Biblia, «las aguas» tienen un significado específico:

«Además el ángel me dijo: "Las aguas
que has visto, donde está sentada la
prostituta, son pueblos, multitudes,
naciones y lenguas"».
Apocalipsis 17:15

«Después oí voces como el rumor
de una inmensa multitud, como el
estruendo de una catarata y como
el retumbar de potentes truenos, que
exclamaban: ¡Aleluya! Ya ha comenzado
a reinar el Señor, nuestro Dios
Todopoderoso».
Apocalipsis 19:6

«¡Ay del rugido de muchas naciones!
¡Braman como brama el mar!
¡Ay del clamor de los pueblos!
¡Su estruendo es como el de
aguas caudalosas!»
Isaías 17:12

Las aguas representan a las multitudes, a la gente que habita las naciones.

Hoy, la maldad reina en los corazones de nuestra gente y hasta que no sean sanas de la maldad que las domina, la visión que han recibido los hombres y mujeres de la ciudad no podrá cumplirse en su totalidad.

b. La tierra era estéril

Si las aguas son malas, la tierra no puede ser regada. Si la tierra no es regada, no produce fruto. En el lenguaje profético, «la tierra» también tiene un significado específico:

«Pero Dios vio que la tierra estaba
corrompida y llena de violencia.
Al ver Dios tanta corrupción
en la tierra, y tanta perversión
en la gente...»
Génesis 6:11-12

La tierra representa la situación que está atravesando la gente. En el caso que describe Génesis, el camino corrupto de la gente trajo violencia. Esta era la situación de la tierra antes del diluvio.

Hoy estamos experimentando lo mismo. Debido a la corrupción y a las injusticias, nuestras ciudades y naciones se han llenado de violencia y cuando hay violencia, se manifiesta la esterilidad. Los trabajadores no se sienten incentivados para crecer, no aportan nuevas ideas para el progreso de su nación, la gente pierde las esperanzas porque ve que el cambio es inalcanzable y de esta manera las naciones y ciudades se vuelven estériles.

5. Los hombres y mujeres de la ciudad buscaron al profeta

Los hombres de la ciudad de Jericó salieron al encuentro del profeta de la nación. Ellos reconocieron y aceptaron su autoridad y visión.

«Luego, los habitantes de la ciudad le
dijeron a Eliseo: —Señor, como usted
puede ver, nuestra ciudad
está bien ubicada...»
2 Reyes 2:19a

Los hombres de la ciudad reconocieron que el profeta Eliseo tenía la misma visión que ellos. Eliseo sabía que Jericó era una ciudad estratégica.

En mis viajes, al participar en diferentes congresos, cruzadas, seminarios y predicar en congregaciones de diferentes naciones, me he encontrado con esta generación de hombres y mujeres de la ciudad. Estos son los que reconocen a los Eliseos de Dios cuando vienen y profetizan. Estos son los que se regocijan porque saben que no están solos. ¡Dios está alistándolos para usarlos!

La generación de profetas jóvenes que Dios está levantando en nuestras naciones ha decidido enfrentar a la idolatría, al espíritu de Jezabel que controla a muchos líderes, a la maldad y a la esterilidad. Estos son lo que sanarán a su nación.

Los líderes de Jericó habían reconocido la autoridad de Eliseo y esperaban una respuesta del profeta a su problema. Entonces él procedió de la siguiente manera:

1. Pidió una vasija nueva

«Tráiganme una vasija nueva...»
2 Reyes 2:20a

Eliseo salió con los hombres de la ciudad a sanar a Jericó. Él pidió una vasija nueva. La Biblia usa dos palabras distintas para describir algo nuevo:

1. *Neos*: Esta palabra se usa para describir algo que apenas es concebido, recién hecho o recién nacido. Esto describe algo que es nuevo en referencia al tiempo, flamante.

2. *Kainos*: Este término se emplea para describir algo que es nuevo en su calidad o sustancia. Describe algo que no ha sido usado, que está fresco, que no se ha gastado.

La vasija que Eliseo pidió no era una recién salida del horno, recién hecha. Eliseo pidió una vasija que quizás había sido hecha hace tiempo pero que nunca fue usada.

Los hombres y mujeres que Dios usará como instrumentos de sanidad a las naciones, serán vasijas nuevas. Estas son vidas que no han tenido mucha experiencia en el servicio a Dios y que hace tiempo que esperan oír sus instrucciones para cumplir con su llamado. Estas son vasijas que han recibido una visión de Dios para su ciudad y para su nación, y están esperando pacientemente el momento de su cumplimiento. Son las que tienen momentos de dudas, las que han pensado que su visión es solamente un sueño, un deseo de su corazón. Son las que han sido rechazadas por su falta de experiencia y despreciadas por no tener trayectoria. Muchas veces han sido denominadas «raras» porque se han atrevido a reclamar su ciudad y su nación para Cristo.

Así son las vasijas nuevas. A pesar de todo, siguen esperando el momento en que Dios irrumpirá en sus vidas.

Vasija nueva, ¡ha llegado tu momento!

2. Las vasijas nuevas están llenas de sal

> «... y échenle sal —les ordenó
> Eliseo. Cuando se la entregaron...»
> 2 Reyes 2:20b

En el Antiguo Testamento la sal representaba un pacto eterno, un acuerdo perpetuo.

> «Yo, el Señor, te entrego todas las
> contribuciones sagradas que los
> israelitas me presentan. Son tuyas,
> y de tus hijos y de tus hijas, como
> estatuto perpetuo. Éste es un pacto
> perpetuo, sellado en mi presencia,
> con *sal*. Es un pacto que hago
> contigo y con tus descendientes».
> Números 18:19

Dios hizo un pacto con todo el pueblo de Israel: heredarían la tierra de Canaán. Cada tribu recibió su tierra en cumplimiento de ese pacto. Pero los de la tribu de Leví, no recibieron tierras. Fueron apartados por Dios para el ministerio. Los sacerdotes llamados a servir a Jehová perpetuamente pertenecían a esta tribu. Dios estableció un pacto especial con ellos: Él sería su proveedor. Como señal de ello, podían comer de las ofrendas del altar del tabernáculo que eran sazonadas con sal como símbolo de la perpetuidad del pacto.

«¿No sabéis vosotros que Jehová
Dios de Israel dio el reino a David
sobre Israel para siempre, a él y a sus
hijos, bajo *pacto de sal*?»
2 Crónicas 13:5 (RVR 60)

Otro ejemplo es el mencionado en este versículo. Dios le había dado a David el reino de Israel a perpetuidad bajo pacto de sal. El rey Abías le recuerda esto a Jeroboam y al resto de Israel.

El profeta Eliseo llenó la vasija nueva con sal. Esta representaba una promesa, un pacto perpetuo. Eliseo iba a reclamar una promesa divina. Así también hoy las vasijas nuevas harán un pacto con Dios a favor de su ciudad.

Muchas de nuestras naciones han sido ofrecidas a distintos dioses a través de pactos que incluyeron sacrificios y rituales entre otras cosas. Las vasijas nuevas romperán estos pactos y harán un pacto de sal. Esto no significa que tomarán sal y celebrarán algún ritual. La sal es simplemente un símbolo. El poder del pacto no está en el símbolo, está en la promesa de la Palabra de Dios.

Así estas nuevas vasijas comenzarán el proceso de sanidad de su nación, restaurándola a través de la Palabra de Dios y la unción fresca y renovada del Espíritu Santo.

Siervos de Dios que le sirvieron en décadas pasadas, no se opondrán ni se sentirán rechazados; le darán lugar a esta generación de Eliseos y dirán como Simeón:

«...que has preparado a la vista
de todos los pueblos:
luz que ilumina a las naciones
y gloria de tu pueblo Israel».
Lucas 2:31-32

O también como la profetisa Ana:

«Llegando en ese mismo momento,
Ana dio gracias a Dios y comenzóa
hablar del niño a todos los que
esperaban la redención de Jerusalén».
Lucas 2:38

Las vasijas nuevas serán los instrumentos de salvación para todos los pueblos. Tendrán autoridad para romper viejos pactos satánicos y el Espíritu Santo les dará conocimiento de las estrategias que Dios ha escondido en cada nación para que la luz de Cristo brille. En toda nación de la tierra, en cada cultura, en la historia de cada pueblo y aun en su geografía, hay una revelación escondida de la persona de Jesucristo

«Porque desde la creación del
mundo las cualidades invisibles de
Dios, es decir, su eterno poder y
su naturaleza divina, *se perciben*
claramente a través de lo que él creó,
de modo que nadie tiene excusa».
Romanos 1:20

Veamos algunos ejemplos de esto.

En la China, el vocablo «justicia» se compone de dos palabras, una sobre la otra. La de abajo es el pronombre «yo» y la de arriba es la palabra «cordero». La palabra justicia en chino significa: hay un cordero sobre mí. ¡Qué revelación de Jesús!

Se cuenta que un misionero durante el siglo pasado fue a evangelizar a los esquimales. Le tomó más de un año aprender su idioma y cuando lo consiguió, oró a Dios para que le mostrara la mejor manera de presentarles a Jesucristo, el que había muerto por sus pecados. Una vez al año estos esquimales salían a cazar una ballena que les sirviera de sustento durante el invierno. Misteriosamente, todos los años una ballena quedaba varada en la playa y allí moría. Los esquimales creían que sus dioses estaban detrás de esto, que esa ballena era sacrificada para que ellos pudieran sobrevivir. El misionero nunca les pudo hablar acerca del Cordero de Dios que dio su vida para que tengamos vida eterna. Pero durante la fiesta de la ballena, les enseñó acerca de «la ballena que envió Dios del cielo» para que tengamos vida eterna. Todos los miembros de esa tribu esquimal aceptaron a Jesús como su Salvador. Esta tradición sirvió para mostrarles a Cristo.

He estado en países que tienen revelaciones de la verdad del evangelio en sus propias banderas. Republica Dominicana tiene una Biblia en su bandera. En el escudo de México aparece un águila comiéndose a una serpiente. Según la tradición, habitantes de esta tierra vieron cuando el águila se comía a la serpiente y entonces decidieron que fuera el símbolo nacional. Pero este símbolo representa algo más, representa la victoria de las águilas, de los que esperan en Jehová, sobre la serpiente, el dios de la tierra.

¿Quiénes están interesados en estas verdades? Las vasijas nuevas. ¿Quiénes oran y buscan entendimiento acerca de los propósitos que Dios tiene con cada nación? Las vasijas nuevas. ¿Quiénes reclamarán el pacto perpetuo de Dios con su nación? Las vasijas nuevas llenas de sal.

> «Cuando el Altísimo dio su herencia a las
> naciones, cuando dividió a toda la
> humanidad, les puso límites a los pueblos
> *según el número de los hijos de Israel*».
> Deuteronomio 32:8

Este versículo señala que Dios le dio a cada nación una herencia distinta. Cada una ha recibido de Dios capacidades, talentos, bendiciones y recursos únicos. Estas herencias fueron otorgadas de la misma manera y siguiendo el mismo patrón que Dios usó cuando le dio herencia al pueblo de Israel. Judá, el guerrero, no recibió la misma unción que Leví, el sacerdote. Efraín, el fructífero, no recibió la misma unción que Dan, el juez.

> «Y las naciones que hubieren sido
> salvas, andarán a la luz de ella; y los
> reyes de la tierra traerán *su gloria*
> *y honor* a ella».
> Apocalipsis 21:24 (RVR 60)

En aquel día, cuando el Cordero esté sentado en su trono, los reyes y los gobernantes vendrán a adorarlo y a ofrecerle la gloria y la honra de sus naciones. Cada nación tiene una gloria y una honra únicas otorgadas por Dios. Cuando meditamos en Japón, pensamos en la electrónica. Cuando recordamos a Alemania, pensamos en la precisión de su tecnología y en su personalidad tan minuciosa. Cuando meditamos en Italia, pensamos en su comida y en su arte. Cuando recordamos a los Estados Unidos, pensamos en su riqueza. Cuando pensamos en Brasil, rememoramos su música, su fútbol y su alegría. Cuando pensamos en México, recordamos su música y sus deliciosos tacos. Cuando pensamos en la Republica Dominicana, recordamos su música alegre y su personalidad atrevida y valiente. Cuando pensamos en Costa Rica, pensamos en un pueblo pacífico, un pueblo que ha bendecido a muchas naciones hermanas.

Pero esa gloria ha sido pervertida por Satanás. Las naciones la han usado para satisfacer sus ambiciones y para destruir.

Las vasijas nuevas, humildes hombres y mujeres que han estado esperando con paciencia el momento para actuar, discernirán la unción que Dios ha dado a su nación y declararán públicamente el pacto perpetuo de Dios para sanar y restaurar a su tierra.

Un consejo a las vasijas nuevas: No se anticipen al tiempo de Dios. Continúen recibiendo revelación y entendimiento sobre la crisis de su país, sobre las raíces pecaminosas que deben ser desarraigadas, sobre los principados que deben ser arrojados y los espíritus que causan confusión dentro de la familia de la Iglesia. Dios les indicará el tiempo exacto para actuar.

3. Los profetas declaran la palabra de fe

> «Eliseo fue al manantial y, arrojando
> allí la sal, exclamó: —Así dice el
> Señor: "¡Yo purifico esta agua para
> que nunca más cause muerte ni
> esterilidad!"»
> 2 Reyes 2:21

El profeta llevó la vasija a los manantiales de aguas. Estos son el punto de origen de un río, el nacimiento de sus aguas. Allí se dirigió el profeta. Cuando las aguas se sanan en su punto de origen, toda la vertiente, toda la corriente de agua queda sanada.

Las vasijas nuevas irán a la raíz del problema que afecta a sus naciones, echarán la sal y serán sanadas. Las vasijas nuevas discernirán por revelación del Espíritu Santo los pecados que las atan, destruirán pactos antiguos y establecerán un nuevo pacto con Dios.

Eliseo echó la sal y habló la palabra. ¿Qué habló? Habló lo que Dios había dicho.

a. Eliseo declaró que Dios ya había sanado las aguas. Esa era su voluntad.

Eliseo habló en tiempo pasado dando a entender que la sanidad ya había sido hecha.

b. Eliseo no solo declaró la palabra de Dios, también dijo que en el futuro no habría más muerte ni enfermedad en esas aguas, estableciendo de esa manera la voluntad de Dios sobre Jericó.

Los profetas que han oído la Palabra de Dios se unirán con las vasijas que irán a las aguas para echar la sal. Así comenzará la sanidad de las naciones.

El espíritu de Jezabel que odia a los profetas, que los acusa y mata, ha intimidado a la pasada generación de los Elías. Pero ahora se levanta esta generación de Eliseos, determinados a sanar a su nación. Estos son los que se preocupan por el reino de Dios y no tanto por su organización o congregación. Estos son los que han decidido ser instrumentos de Dios, haciendo un pacto perpetuo con Dios a favor de su nación.

Eliseo declaró la palabra de sanidad y salud que Dios había establecido en el pasado como una verdad para el presente y el futuro. Eliseo declaró sanidad, pero también declaró salud al decir que nunca más las aguas de Jericó producirán muerte ni enfermedad. ¿Cuál fue el resultado?

«A partir de ese momento, y hasta el día
de hoy, el agua quedó purificada,
según la palabra de Eliseo».
2 Reyes 2:22

¡Aquí está el secreto! Las aguas de Jericó fueron sanadas por la palabra que Eliseo habló, pero que primero había sido declarada por Dios. Las vasijas llenas de sal simbolizaron la palabra que fue llevada a las aguas. Las vasijas no sanaron las aguas. La sal no sanó las aguas. ¡La palabra profética las sanó! La palabra de fe que reclamó el pacto perpetuo de sal, activó el poder de Dios y las aguas fueron sanadas.

Jesús nos ha enseñado que la fe produce sanidad.

«Jesús se dio vuelta, la vio y le dijo:
—¡Ánimo, hija! Tu fe te ha sanado.
Y la mujer quedó sana en aquel
momento».
Mateo 9:22

«Entonces les tocó los ojos y
les dijo: —Se hará con ustedes
conforme a su fe».

Mateo 9:29

Vasija nueva, la palabra profética sobre tu nación no se manifestará con poder hasta que salga de tu boca y sea oída por las multitudes. ¡Habla en fe! Su Palabra es Espíritu y Verdad. ¡Habla la palabra de sanidad sobre tu nación y dila a la gente, a tus familiares, a tus amigos, compañeros y conocidos! Declara la palabra de sanidad a los cuatro vientos. Dios sanará a tu nación conforme a las palabras que hables.

Ya se han levantado los profetas y los apóstoles de Dios en las naciones. Las generaciones pasadas han caminado con temor a la unción apostólica y profética. Pero en estos últimos días, esta unción se ha despertado. Nadie la detendrá. Los profetas están hablando sobre los propósitos que Dios tiene con cada ciudad y nación. Los apóstoles están reclamando ciudades y naciones, y levantando un pueblo de vasijas nuevas, dispuestas para que la gloria de Jesucristo se manifieste. Ya estamos en la recta final. Tu nación será sana, en el nombre de Jesús.

Quiero contarte una simple experiencia que tuve en el aeropuerto de una ciudad de Latinoamérica. Recuerdo que ese día la gente estaba alborotada porque las noticias del país eran desastrosas.

Necesitaba enviar un mensaje por Internet a mi esposa y fui a la oficina de la compañía telefónica del aeropuerto. Todas las computadoras estaban ocupadas y el joven que estaba a cargo me dijo que debía esperar hasta que se desocupara alguna. Esperé una hora. Durante ese tiempo estuve mirando y escuchando a la gente que entraba a la oficina. Entre cliente y empleado se saludaban con un «¿Qué tal? ¿Cómo estás?» Normalmente en ese país se responde con algún comentario negativo sobre la situación de la nación, pero lo que me llamó la atención fue la forma de responder del joven encargado: «¡Muy bien! Cada día estoy mejorando». La gente lo miraba sorprendida y no respondía nada. Por un buen tiempo estuve oyendo a este joven responder a los saludos con:

¡Estoy muy bien, y cada día mejorando!

Media hora más tarde llegó otro joven para compartir su almuerzo con el encargado de la oficina, y entró cantando un coro cristiano. Durante ese tiempo conversaron sobre las maravillas que Dios estaba obrando en sus vidas y de las cosas buenas que estaba haciendo en sus congregaciones. La gente seguía entrando y ellos saludando de la misma manera: «¡Estoy muy bien, y cada día mejorando!»

Después de una hora, me dirigí al mostrador y el Espíritu Santo habló a mi corazón y me dijo: Diles a mis siervos que con su saludo han estado cambiando la atmósfera de todo este aeropuerto.

Dos humildes pero poderosos siervos de Dios, vasijas nuevas, estaban derramando sal sobre la gente afectada por la maldad que reina en esa nación. Estaban transformando el ambiente del lugar donde trabajaban.

¿Qué responde cuando alguien le pregunta cómo está? Responda lo que Dios ha dicho sobre su ciudad y su nación.

LA CASA QUE DIOS ESTÁ EDIFICANDO

Dios está levantando una generación de profetas con la unción de Eliseo y una generación de vasijas nuevas que llevarán la palabra profética para sanar a sus naciones. De esta manera edificará una casa espiritual.

> «En efecto, nosotros somos colaboradores
> al servicio de Dios; y ustedes son el campo
> de cultivo de Dios, son el edificio de Dios».
> 1 Corintios 3:9

> «...también ustedes son como piedras vivas,
> con las cuales se está edificando una casa espiritual.
> De este modo llegan a ser un sacerdocio santo,
> para ofrecer sacrificios espirituales que Dios
> acepta por medio de Jesucristo».
> 1 Pedro 2:5

Esta casa no es una organización, ni un movimiento. Esta casa espiritual, edificada con piedras vivas, es un edificio de sacerdotes santos que cumplen con el ministerio de ofrecerle sacrificios espirituales aceptables a Dios por medio de Jesucristo. Esto nos distingue de los sacerdotes israelitas.

«Pero ustedes son linaje escogido,
real sacerdocio, nación santa,
pueblo que pertenece a Dios,
para que proclamen las obras
maravillosas de aquel que los llamó
de las tinieblas a su luz admirable».
I Pedro 2:9

Pero esta casa, esta generación elegida por Dios para ser sacerdotes, no solo presenta ofrendas espirituales. Ha sido levantada con un propósito más amplio. Este «linaje escogido» es un pueblo adquirido y reservado por Dios para anunciar las virtudes de Cristo Jesús. De la misma manera que los levitas del Antiguo Pacto estaban dedicados a servir a Dios en el tabernáculo, esta casa espiritual de piedra vivas del nuevo pacto en Cristo, ha sido comisionada para proclamar a Jesús.

El mensaje que anunciará estará relacionado con las palabras del apóstol Pablo en Filipenses 4 (RVR 60): «todo lo que es verdadero, todo lo honesto, todo lo justo, todo lo puro, todo lo amable, todo lo que es de buen nombre...» Esta generación anunciará y personificará la bondad de Jesús, su verdad, su pureza, su amor, su buen nombre; y le alabará porque él es digno.

Cómo me gustaría que esta generación de vasijas nuevas, instrumentos de sanidad a las naciones fuera levantada, ungida y enviada rápidamente. Pero no será así. Esta casa aún está siendo edificada por Dios.

CARACTERÍSTICAS DE LOS SACERDOTES QUE SERÁN ENVIADOS A LAS NACIONES

En mi experiencia personal y ministerial, me he encontrado

con personas que tienen el deseo, el llamado y la unción necesaria para ser instrumentos en las manos de Dios, pero les falta algo fundamental: el carácter formado por Dios a través de las pruebas.

El Salmo 127 es uno gradual, es decir que se cantaba cuando los levitas subían al templo de Jerusalén. El templo tenía quince escalones y debían subir tres veces al día para cumplir con su servicio a Dios.

> *Cántico gradual; para Salomón.*
> «Si el Señor no edifica la casa, en
> vano se esfuerzan los albañiles.
> Si el Señor no cuida la ciudad, en
> vano hacen guardia los vigilantes».
> Salmo 127:1

La primera confesión que los levitas hacían era:

1. Dios edifica la casa, nosotros trabajamos

La palabra edificar significa «establecer», «afirmar permanentemente». Dios era el que establecía la casa. Los levitas solamente trabajaban. Este es un principio fácil de entender. Los que sirven a Dios pueden edificar muchas cosas en el ministerio, pero si Dios no las establece o prospera, el trabajo es en vano.

¿A qué casa se referían los levitas en este salmo? No se referían al Templo de Jerusalén. No se referían al tabernáculo. No se menciona que Dios estuviera edificando un templo de piedras, metales preciosos y madera. Aunque este salmo tradicionalmente se ha interpretado en referencia a la edificación del Templo de Jerusalén, también declara que Dios estaba edificando la casa de Leví, la casa de los sacerdotes.

Para Dios, una casa es una familia, hombres y mujeres de una misma sangre. Cuando Pablo le dijo al carcelero de Filipos que sería salvo él y su casa, no estaba refiriéndose al edificio, sino a las personas que vivían en él. Dios salvó al carcelero y también a toda su familia, a todos sus descendientes.

Dios eligió a la de Leví entre las otras tribus de los hijos de Israel y le dio una herencia diferente. Las otras tribus recibieron tierras. Pero Leví recibió a Dios mismo como su herencia. Dios era el que establecía la casa de los sacerdotes en Israel.

Esta elección no consideraba el mérito. El único requisito era que debían pertenecer a la casa de Leví.

El llamado de Dios a los levitas era:

«Trae a la tribu de Leví y preséntasela
a Aarón. Los levitas le ayudarán en el
ministerio. Desempeñarán sus funciones
en lugar de Aarón y de toda la
comunidad, encargándose del servicio
del santuario en la Tienda de reunión.
Cuidarán allí de todos los utensilios
de la Tienda de reunión y desempeñarán
sus funciones en lugar de los israelitas,
encargándose del servicio del santuario».
Números 3:6-8

En primer lugar, los levitas debían servir al sumo sacerdote para que este cumpliera con sus responsabilidades ante Dios. El sacerdote era el único que ofrecía el sacrificio anual para el perdón de los pecados del pueblo. Era el único intermediario entre Dios y el pueblo de Israel.

En segundo lugar, los levitas representaban al pueblo de Israel en el tabernáculo. Los levitas preparaban y ofrecían los sacrificios que el pueblo venía a ofrecer a Dios. El pueblo no podía presentar sus ofrendas a Dios directamente, lo debía hacer a través de los levitas.

Finalmente, debían cuidar los utensilios del tabernáculo. Estos eran usados exclusivamente para la preparación de las ofrendas.

En conclusión, los levitas servían al sumo sacerdote como herencia divina para el ministerio en la casa de Dios.

La función de los sacerdotes era muy difícil. La carga espiritual de todo el pueblo de Israel estaba sobre las espaldas de Aarón y de sus hijos. Por eso Dios ordenó que toda la tribu de Leví fuera separada para que los sacerdotes pudiesen cumplir con todas las obligaciones rituales de la ley que Dios estableció en el Pentateuco. Los levitas eran los siervos del Sumo Sacerdote, el intercesor, el mediador, el que oía la voz de Dios y la comunicaba al pueblo. Los levitas hacían todo el trabajo del templo, ofrecían sacrificios y presentaban el culto a Dios a favor del pueblo.

2. Dios guarda la ciudad, la guardia vela

La palabra guardar significa «observar, proteger, preservar, estar a cargo».

En primer lugar, los levitas vivían en ciudades sacerdotales. Estas eran establecidas por Dios para que los de la tribu de Leví se mantuvieran separados del pueblo de Israel para no contaminarse. En estas ciudades había una guardia especial que no permitía que entrara ninguna persona contaminada. El Salmo 127 declara que aunque la guardia de las ciudades sacerdotales velaba, se mantenía despierta y alerta, Dios era el que los protegía de toda contaminación.

En segundo lugar, los levitas eran los guardianes del tabernáculo.

> «En cambio, los levitas acamparán
> alrededor del santuario del pacto, para
> evitar que Dios descargue su ira sobre
> la comunidad de Israel. Serán, pues,
> los levitas los encargados de cuidar
> el santuario del pacto».
> Números 1:53

> «A Aarón y a sus hijos les asignarás
> el ministerio sacerdotal. Pero
> cualquiera que se acerque al
> santuario y no sea sacerdote,
> será condenado a muerte».
> Números 3:10

La responsabilidad de velar por la santidad alrededor del santuario les pertenecía a los levitas. La responsabilidad de proteger las ciudades levitas de pecado y contaminación era de ellos. Dios declara en este salmo que aunque «velaban», él era el verdadero protector.

«En vano madrugan ustedes, y se
acuestan muy tarde, para comer
un pan de fatigas, porque Dios
concede el sueño a sus amados».
Salmo 127:2

Los levitas podían sacrificar su descanso, su comida, todo para servir a Dios, pero su verdadero descanso y sustento era él. Dios era el que los edificaba.

3. Los siervos de Dios son su herencia escogida

«Los hijos son una herencia del
Señor, los frutos del vientre son una
recompensa».
Salmo 127:3

Los levitas eran los únicos que podían servir en el tabernáculo. Sin levitas no había culto a Dios, sin levitas el pueblo no tenía quien presentara sus ofrendas y sacrificios.

Dios entonces promete que siempre habría sacerdotes en Israel. Por eso los levitas eran herencia divina. Dios garantizó a través de ellos la continuidad del sacerdocio.

Cuando una mujer embarazada caminaba por las calles de Israel, la gente la felicitaba y la bendecía. Pero cuando lo hacía una mujer de la tribu de Leví, no solo la felicitaban sino que se gozaban porque sabían que la criatura sería un futuro siervo del Dios Altísimo.

La tribu de Leví era la única que tenía esta garantía. Los levitas siempre tendrían herencia en la tierra porque los niños no venían solo por el deseo de sus padres, sino por la voluntad de Dios.

4. Los siervos de Dios son saetas, armas de guerra espiritual

«Como flechas en las manos
del guerrero son los hijos de la
juventud. Dichosos los que llenan su
aljaba con esta clase de flechas. No
serán avergonzados por sus
enemigos cuando litiguen con
ellos en los tribunales».
Salmo 127:4-5.

Las saetas o flechas son armas de guerra. Los levitas debían cantar que eran saetas mientras subían al templo. Estas saetas no serían disparadas por cualquiera. Estarían en manos «del valiente». «El Valiente» es uno de los títulos de Dios.

«¿Quién es este Rey de la gloria? El
Señor, el fuerte y valiente, el Señor,
el valiente guerrero».
Salmo 24:8

Los levitas eran saetas en manos de Dios para la destrucción del enemigo. Cuando este se acercara a sus puertas, los levitas no quedarían avergonzados porque «el Valiente» los usaría para destruir todo ataque contra la ciudad de Dios. Esto no significa que los levitas tomarían armas de guerra y pelearían como un ejército. Dios promete en este salmo que pelearía en contra de los enemigos que ataquen las puertas de las ciudades en Israel, usando a sus flechas espirituales, los levitas puestos en sus manos.

Esto se vio claramente cuando Moab y Amón invadieron el reino de Judá durante el reinado de Josafat. Cuando le informaron a Josafat que iba a ser invadido, consultó a Dios y ordenó que toda la nación ayunara. El rey convocó a todo el pueblo a una asamblea para pedir juntos la ayuda de Dios. Luego de orar e interceder, un levita llamado Jahaziel se levantó en medio de la congregación y dijo:

«Y dijo Jahaziel: Escuchen, habitantes de
Judá y de Jerusalén, y escuche también
Su Majestad. Así dice el Señor: No
tengan miedo ni se acobarden cuando
vean ese gran ejército, porque la batalla
no es de ustedes sino mía. Mañana,
cuando ellos suban por la cuesta de Sis,
ustedes saldrán contra ellos y los
encontrarán junto al arroyo, frente al
desierto de Jeruel. Pero ustedes no
tendrán que intervenir en esta batalla.
Simplemente, quédense quietos en sus
puestos, para que vean la salvación que
el Señor les dará. ¡Habitantes de Judá y
de Jerusalén, no tengan miedo ni se
acobarden! Salgan mañana contra ellos,
porque yo, el Señor, estaré con ustedes».
2 Crónicas 20:15-17

Mientras todo el pueblo oraba y pedía socorro junto al rey, un
levita, una saeta de Dios se levantó y declaró que Dios les daría
victoria.

«...y los levitas de los hijos de Coat
y de Coré se pusieron de pie para alabar
al Señor a voz en cuello».
2 Crónicas 20:19

«Después de consultar con el
pueblo, Josafat designó a los que irían al
frente del ejército para cantar al Señor
y alabar el esplendor de su santidad con
el cántico: Den gracias al Señor;
su gran amor perdura para siempre».
2 Crónicas 20:21

Después que la orden de ataque fue dada, se levantó el coro de los levitas, el coro de las saetas de Dios.

> «Tan pronto como empezaron a
> entonar este cántico de alabanza, el
> Señor puso emboscadas contra los
> amonitas, los moabitas y los del
> monte de Seír que habían venido
> contra Judá, y los derrotó».
> 2 Crónicas 20:22

> «Cuando los hombres de Judá llegaron
> a la torre del desierto para ver el gran
> ejército enemigo, no vieron sino los
> cadáveres que yacían en tierra.
> ¡Ninguno había escapado con vida!»
> 2 Crónicas 20:24

Dios destruyó al enemigo a través de las alabanzas de los levitas, las saetas del cielo. El Poderoso en batalla encontró un coro de levitas que lo alabó, declarando que toda la gloria era de Dios porque su misericordia era eterna. Esa batalla no fue peleada con armas de guerra. Esa batalla fue ganada a través de las saetas que el Valiente usa para que su pueblo no sea avergonzado.

Este es el significado del canto levítico, el cántico de Salomón para los sacerdotes que subían diariamente a servir en el Templo. Pero no quiero hablar solo de los levitas del Viejo Testamento, sino también de los levitas que Dios está estableciendo en las naciones hoy. Dios está edificando una casa de levitas que no ofrecen los sacrificios establecidos por la ley de Moisés. Los levitas de hoy le ofrecen a Dios un mejor sacrificio.

«Así que ofrezcamos continuamente
a Dios, por medio de Jesucristo, un
sacrificio de alabanza, es decir,
el fruto de los labios que confiesan
su nombre».

Hebreos 13:15

La casa de levitas que Dios está edificando hoy, ofrece sacrificios de alabanza, fruto de labios que confiesan un nombre que es sobre todo nombre.

Las siguientes palabras fueron enviadas por el escritor de la Epístola a los Hebreos a un grupo de creyentes del primer siglo que atravesaban una situación muy difícil. Debido a su fe en Jesús estaban siendo perseguidos y rechazados. Eran cristianos, judíos mesiánicos que consideraban la posibilidad de volver al judaísmo, a la religión de sus padres. La Epístola a los Hebreos exhorta constantemente a no volver atrás. En el capítulo 12, versículos 1 al 3, el escritor les recuerda:

«Por tanto, también nosotros, que
estamos rodeados de una multitud tan
grande de testigos, despojémonos del
lastre que nos estorba, en especial del
pecado que nos asedia, y corramos con
perseverancia la carrera que tenemos
por delante. Fijemos la mirada en Jesús,
el iniciador y perfeccionador de
nuestra fe, quien por el gozo que
le esperaba, soportó la cruz,
menospreciando la vergüenza que ella
significaba, y ahora está sentado a la
derecha del trono de Dios. Así, pues,
consideren a aquel que perseveró
frente a tanta oposición por parte de
los pecadores, para que no se cansen
ni pierdan el ánimo».

Hebreos 12:1-3

Los estaba animando a continuar la carrera de la fe, mirando a Jesús como su ejemplo. Estos creyentes se sentían desanimados, a punto de desmayar. Por eso el escritor los anima a seguir en carrera, corriendo con paciencia, porque el autor y consumador de su fe, los iba a llevar a la victoria.

Estos cristianos entendían lo que era ofrecer un sacrificio de alabanza. Estos creyentes debían confesar el nombre de Jesús frente a personas que los rechazaban, que los llamaban infieles a la fe de sus padres. Debían confesar el nombre de Jesús cuando era más fácil negarlo para evitar el dolor y la vergüenza. Este era un verdadero sacrificio de alabanza. Tenían la capacidad de reconocer a Dios en su dolor.

El escritor exhorta a que cada confesión pública de Jesús como su Salvador y Dios, sea un sacrificio de alabanza.

Frente a una situación difícil, aun a riesgo de perder algo valioso, de ser rechazado o de poner en peligro la vida, debemos confesar a Cristo. Estos son los verdaderos sacrificios de alabanza que le podemos ofrecer a Dios.

Las casas de levitas que Dios ha levantado en las naciones son los hombres y mujeres que han sido separados por Dios para el servicio exclusivo del Sumo Sacerdote, Jesús el Hijo de Dios. Nuestro Señor ya presentó la ofrenda de perdón una vez y para siempre. Ya no necesitamos a un grupo exclusivo de ministros que ofrezcan sacrificios a nuestro favor. Ahora todos podemos ofrecerle a él nuestra adoración y alabanza.

Dios levanta estas casas de levitas de hoy como sus flechas. Destruirán las obras del diablo en las naciones.

De la misma manera que los levitas de Israel cargaban con el arca del pacto sobre sus espaldas, los levitas de hoy están llamados a cargar con la gloria de Jesús, anunciando las virtudes del que nos llamó de las tinieblas a su luz.

Aunque todos podemos ofrecerle a Dios alabanza y adoración, la casa de levitas que Dios está edificando sabe ofrecerle sacrificios de alabanza, sabe confesar el nombre de Jesús frente a los enemigos de Dios y del Evangelio de Jesucristo.

Estos son los que Dios está estableciendo en las naciones. Son las saetas de Dios que al enfrentarse a las adversidades no niegan la fe sino que gritan y declaran:

«Porque Dios es bueno y para siempre es su misericordia».

Estos son los que se enfrentan a las graves situaciones que atraviesan sus naciones y se regocijan en el Señor, porque saben que la batalla no es de ellos, sino de Dios.

Son los que cantan y alaban en situaciones de persecución, cuando son rechazados por sus familias, y no son comprendidos por sus hermanos en la fe.

Son los que no se quejan y siguen en la carrera.

Son los que no dejan de correr la carrera de la fe. Aun cuando están en agonía continúan mirando a Jesús, su ejemplo.

Son los que oran e interceden pero no se quedan entre cuatro paredes. Son las saetas de Dios que se enfrentan al enemigo en las puertas de su ciudad, de su nación.

Son los que no se amedrentan, no temen.

Son los que profetizan victoria, avivamiento, sanidad y gloria sobre sus naciones. Cuando otros no esperan más victorias y se encierran esperando la Segunda Venida de Cristo, estos son los que se atreven a reclamar su nación para Cristo.

Son los que piden por fe recursos extraordinarios, riquezas, influencia y autoridad sobre las multitudes cuando apenas tienen qué comer.

Son los que ministran al Sumo Sacerdote, Jesús el Hijo de Dios, porque lo conocen íntimamente. Los que están cerca del Tabernáculo del Testimonio.

Son los adoradores, los que buscan la presencia de Dios, intimidad en el santuario.

Son los que conocen a Dios. Mientras muchos hablan acerca de las cosas de Dios, estos hablan de él. Son los que no desean bendiciones de Dios, simplemente lo desean a él.

Son los que saben hacer silencio en su presencia y entienden que no es necesario ofrecerle gritos de júbilo constantemente. Los que esperan silenciosamente en su presencia porque desean recibir revelación, instrucciones del cielo.

Son los que reciben visiones de Dios para su ciudad, para su nación.

Son los guerreros de Dios, los que rompen pactos que otros han hecho con Satanás. Estos son los que le dedican a Dios su ciudad y simbólicamente, a través de actos proféticos, las ungen para la gloria de Dios.

Son los que suben a los puntos altos de su ciudad y gimen para que Dios tenga misericordia y detenga sus juicios sobre ella. Estos son los levitas de hoy que nadie podrá detener. Dios ha extendido garantías a esta nueva casa de sacerdotes. Veamos cuáles son:

1. Dios edificará y establecerá a esta casa

Es posible que estos hombres y mujeres de fe sean ahora rechazados. Pero no siempre será así. Dios los establecerá y nunca más sufrirán rechazos. Como las otras tribus de Israel aceptaron a los levitas cual sacerdotes, el resto de la Iglesia aceptará a los sacerdotes que Dios levanta en sus naciones.

2. Dios protegerá a esta casa

Dios protegerá a sus familias, sus bienes y sus posesiones. Dará reposo a sus sacerdotes y no tendrán que comer más «pan de dolores».

3. Dios multiplicará esta casa

Estos nuevos levitas producirán muchos hijos espirituales. La casa de Leví será abundante. No faltarán sacerdotes que oigan la voz de Dios.

4. Dios usará a los levitas como armas espirituales contra la destrucción que Satanás ha traído a las naciones

Las injusticias, las matanzas, los pactos hechos por hombres pecadores que les ofrecieron su nación a los poderes del infierno, los pecados de la nación, rebeldías y desobediencias particulares que han determinado el destino del país, serán perdonados cuando la casa de Leví se levante a ofrecer sacrificios de intercesión a favor de sus países.

5. El enemigo, que ahora tiene dominio sobre las ciudades, será avergonzado

El enemigo tendrá que abandonar las riquezas y el pueblo de Dios las recogerá. En estos últimos años he podido conocer a esta generación de levitas que a pesar de las difíciles situaciones que atraviesan sus países, continúan ofreciendo sacrificios de alabanza. He visto cómo en las ciudades más pobres, más sufridas, esta generación de levitas está creyendo firmemente que Dios hará maravillas. He estado en congregaciones de sacerdotes que viven en un medio de pobreza, desesperación y necesidad. Estas congregaciones con sus pastores y líderes, están creyendo en las promesas de Dios para su ciudad y ofrecen sacrificios de alabanza en lugar de escapar, quejarse o aislarse esperando el arrebatamiento.

¡Dios quiere sanar a las naciones! Antes de que Cristo vuelva a la tierra, las naciones van a ser sanadas y las almas cautivas por el diablo serán libres y vendrán al conocimiento de la verdad. Los instrumentos que Dios usará para enfrentar al enemigo serán levitas, saetas disparadas por Dios. No encerradas en las iglesias, sino dentro de las escuelas, las empresas, las casas de gobierno, las instituciones bancarias, los laboratorios científicos y los estadios de deportes. Estos levitas saldrán a rodear al enemigo y lo echarán de la ciudad. Como el pueblo de Israel que dio vueltas alrededor de Jericó, estos levitas de hoy harán lo mismo y verán cómo se derrumban los muros de sus ciudades en el nombre de Jesús.

Los levitas de hoy no gritan mucho. Estos guerreros de Dios usan su autoridad espiritual en vez de hacer alarde de ella. Esta autoridad no se obtiene a través de un título u ocupando una posición eclesiástica. Esta autoridad levítica viene directamente de Dios y se da a los que saben ofrecer sacrificios de alabanza.

Usted se preguntará, ¿seré yo un levita de Dios en mi nación?

Los levitas de Dios son hombres y mujeres que han recibido una promesa, una visión de Dios para sus vidas y para su nación. Los levitas de Dios no atraviesan dificultades porque han sido desobedientes o porque la situación de su país es crítica. Atraviesan situaciones difíciles, porque Dios los está edificando, entrenado, para que aprendan a ofrecer sacrificios de alabanza. Cuando un levita aprende a ofrecer sacrificios de alabanza frente a sus enemigos, se convierte en una flecha poderosa. ¡Nada lo detendrá!

Posiblemente me diga que ha recibido una visión, una revelación sobre lo que Dios desea hacer en su nación. Muchos comparten conmigo los sueños y promesas que Dios les ha dado sobre su ciudad. Pero una visión, una promesa, es solamente el comienzo. Después de la visión, Dios le llevará a experiencias que le enseñarán a ofrecer el sacrificio que solo los levitas saben presentar.

Abraham recibió una promesa acerca de su nación.

> «Haré de ti una nación grande, y te
> bendeciré; haré famoso tu nombre, y
> serás una bendición. Y maldeciré a
> los que te maldigan; ¡por medio de ti
> serán bendecidas todas las
> familias de la tierra!»
> Génesis 12:2-3

Dios cumplió la primera parte de la promesa dándole un hijo, pero después se lo pidió en sacrificio. El escritor de la Epístola a los Hebreos, animando a los cristianos judíos a ofrecer sacrificios de alabanza, dice:

> «Por la fe Abraham, que había recibido las
> promesas, fue puesto a prueba y ofreció a
> Isaac, su hijo único, a pesar de que Dios le
> había dicho: Tu descendencia se
> establecerá por medio de Isaac.
> Consideraba Abraham que Dios tiene
> poder hasta para resucitar a los muertos,
> y así, en sentido figurado, recobró a Isaac
> de entre los muertos».
> Hebreos 11:17-19

Así son los sacrificios de alabanza. Abraham ofreció a su hijo creyendo que Dios no iba a faltar a su promesa. Cuando alguien está dispuesto a perderlo todo porque cree que Dios no lo abandonará, está ofreciendo un sacrificio de alabanza. Cuando creemos que Dios resucitará a nuestra nación de la crisis que atraviesa, estamos ofreciendo un sacrificio de alabanza.

Abraham ofreció un sacrificio de alabanza y note lo que Dios le prometió después de hacer esto:

> «...y le dijo: Como has hecho esto, y no
> me has negado a tu único hijo, juro por mí
> mismo —afirma el Señor— que te
> bendeciré en gran manera, y que
> multiplicaré tu descendencia como las
> estrellas del cielo y como la arena del mar.
> Además, tus descendientes
> conquistarán las ciudades de sus
> enemigos. Puesto que me has obedecido,
> todas las naciones del mundo serán
> bendecidas por medio de tu descendencia».
> Génesis 22:16-18

La primera vez, Dios prometió bendecir a Abraham. La segunda, después del sacrificio de alabanza, añadió que su descendencia poseería las puertas de sus enemigos.

En la primera promesa Dios les dice que serían benditas todas las «familias» de la tierra. Pero ahora Dios promete que en la simiente de Abraham serán benditas todas las «naciones» de la tierra. Las familias eran grupos de personas del mismo clan, de la misma descendencia. Esta palabra era usada por los hebreos cuando se referían a sus tribus, a su gente. La primera promesa de Dios era para el pueblo de Israel. Pero en la segunda, Dios promete bendecir a todas las naciones de la tierra.

Esa es la promesa para los levitas que ofrecen a Dios sacrificios de alabanza. Dios les promete que en ellos serán benditas todas las naciones de la tierra y poseerán las puertas de sus enemigos.

En el capítulo anterior hablábamos acerca de los profetas que oyen a Dios y son llamados para ser su voz a las naciones. Luego nos referimos a las vasijas nuevas, hombres y mujeres que recibirán la palabra de Dios para sus ciudades y la llevarán a sus familias, a sus pueblos, ciudades y naciones. Dios sanará conforme a la palabra que hablen estas vasijas nuevas. En este capítulo hablé acerca de los levitas, los que ahora están sufriendo, están soportando situaciones difíciles. Estos levitas están aprendiendo a través de estas situaciones adversas a ofrecer sacrificios de alabanzas, fruto de labios que públicamente confiesen a Jesús como Rey y Señor. Estos serán saetas en manos del Espíritu Santo para romper con toda oposición satánica en sus ciudades. Estos son lo que harán guerra espiritual y vencerán. Los vencedores se levantarán de las naciones más atacadas, más sufridas, más oprimidas. Por eso, del tercer mundo, de las naciones más pobres, veremos a hombres y mujeres de poder que se levantarán para vencer a principados y conquistar naciones para Dios.

Profetas que oyen la voz de Dios, no se escondan en cuevas como Elías. El espíritu de Jezabel dentro del cristianismo amenaza con callar a los profetas. Este espíritu no soporta a los que oyen la voz de Dios y declaran palabra profética sobre la Iglesia, sobre las ciudades y naciones. Este espíritu odia la unción profética y critica continuamente a los portavoces del mensaje de Dios, cuestionando su credibilidad, su posición en la Iglesia.

Profetas, ¡no se atemoricen! ¡No se dejen intimidar! En sus manos está la responsabilidad de activar a los que harán la obra de sanidad en las ciudades y naciones. Hay miles y miles de hombres y mujeres dispuestos a ir a las multitudes. Solo están esperando la palabra profética que confirma, que anima, que fortalece y edifica.

Vasijas nuevas que están esperando instrucciones de Dios, no se apuren. No actúen sin instrucciones proféticas de los hombres y mujeres que reconocen como tales en su ciudad o nación. Si Dios todavía no los ha levantado, esperen, que él los levantará.

Levitas que son capaces de ofrecer alabanza a Dios en medio de pruebas o adversidades, esto es señal de que su autoridad espiritual está creciendo.

Recuerden: La autoridad que necesitan no vendrá por gritar más o derramar más aceite sobre su ciudad. Vendrá al ser fieles a Dios en toda situación, ofreciéndole sacrificios de alabanza y confesando su nombre.

ESTRATEGIAS ESPIRITUALES PARA LAS CIUDADES

Estoy seguro de que hay muchos creyentes que diariamente oran y presentan ante Dios múltiples peticiones a favor de su ciudad. Esta es una estrategia espiritual.

La primera pregunta que viene a la mente de un cristiano que desea interceder por su ciudad es: «¿Cuál debe ser mi prioridad al orar?»

Después de servir al Señor en mi ciudad por más de veinticinco años y haber ministrado en muchas ciudades del continente americano y de Europa, he llegado a la siguiente conclusión: Nuestra prioridad al orar debe estar dirigida a que la relación entre los pastores espirituales, los ancianos de la ciudad, los centinelas, los evangelistas y el ministerio de ayuda social se solidifique. Si deseamos avanzar en nuestra conquista, debemos orar y trabajar para que crezca la amistad fraternal entre los líderes espirituales de la ciudad. Si esto no sucede, los grupos de intercesión y oración tendrán una visión dividida sin ninguna meta en común. No hay guerra que sea ganada por un grupo de generales por más brillantes que sean. Cuando los líderes espirituales de una ciudad están unidos por una misma visión y tienen el mismo compromiso de sanar a su ciudad y tomarla para la gloria de Dios, entonces podrán movilizar al ejército, a las iglesias locales que pastorean.

Solamente la Iglesia de cada ciudad podrá vencer la batalla por su ciudad. Solo la Iglesia podrá sanar las heridas de su territorio.

Aunque este es un concepto encomiable, es tiempo de orar y trabajar en términos prácticos para que en su ciudad se desarrollen relaciones estrechas, amistades genuinas y profundas que consigan derrumbar viejos temores y ansiedades entre los líderes espirituales. Después de que esto suceda, se deberá guiar a este ejército de vasijas nuevas en la estrategia del Espíritu Santo para que su ciudad sea tomada para la gloria de Dios, y su propósito sea cumplido.

Si usted es pastor, líder de ministerio, intercesor o un cristiano con carga por su ciudad es importante que conozca las metas que deben perseguir nuestras oraciones y trabajo. Propongo entonces cinco metas:

1. Los ancianos sentados en las puertas de la ciudad.
2. Los atalayas en los muros de la ciudad.
3. Una plataforma para comunicar el mensaje a la ciudad.
4. Evangelismo: la salvación de las almas.
5. Demostraciones prácticas: soluciones a problemas de la ciudad.

1. LOS ANCIANOS SENTADOS EN LA PUERTA DE LA CIUDAD

En toda ciudad antigua, los muros que rodeaban sus límites no eran simplemente objetos de arte o decoración. Eran fundamentales para el buen funcionamiento de la ciudad. Por eso, la principal meta de Nehemías frente a la restauración espiritual y material de Israel era levantar los muros destruidos de la ciudad de Jerusalén.

La Biblia habla mucho acerca de la paz y la seguridad que los muros proporcionan. También habla acerca de los muros como la entrada a la ciudad. Por eso los líderes de la ciudad se sentaban a sus puertas para servir como guardianes espirituales. Ellos se aseguraban de que solo ingresara al pueblo lo que Dios aprobaba, y rechazaban lo que podía traer muerte y destrucción.

«El Señor le dijo a Josué: "Pídeles a los israelitas que designen algunas ciudades de refugio, tal como te lo ordené por medio de Moisés. Así cualquier persona que mate a otra accidentalmente o sin premeditación podrá huir a esas ciudades para refugiarse del vengador del delito de sangre. Cuando tal persona huya a una de esas ciudades, se ubicará a la entrada y allí presentará su caso ante los ancianos de la ciudad. Acto seguido, los ancianos lo aceptarán en esa ciudad y le asignarán un lugar para vivir con ellos"».
Josué 20:1-4

Aunque los muros de la ciudad proveían protección física, los ancianos eran la verdadera protección porque discernían las intenciones de los que entraban por sus puertas, según la Palabra de Dios. Sus posiciones eran tan importantes que Dios trajo destrucción sobre los muros de Jerusalén porque no tenía ancianos en sus puertas.

«Llamé a mis amantes, pero ellos me
traicionaron. Mis sacerdotes y mis
ancianos perecieron en la ciudad, mientras
buscaban alimentos para mantenerse con vida».
Lamentaciones 1:19

«El Señor decidió derribar la muralla
que rodea a la bella Sión. Tomó la vara y
midió; destruyó sin compasión. Hubo
lamentos en rampas y muros; todos ellos
se derrumbaron. Las puertas se han
desplomado; él rompió por completo sus
cerrojos. Su rey y sus príncipes andan
entre las naciones; ya no hay ley ni
profetas, ni visiones de parte del Señor».
Lamentaciones 2:8-9

«Ya no se sientan los ancianos a las
puertas de la ciudad; no se escucha
ya la música de los jóvenes».
Lamentaciones 5:14

¿Se encontrará así su ciudad?

Pues este es el tiempo de Dios para levantar a los ancianos, a los líderes espirituales que estarán en las puertas de la ciudad. Estos son los que ven, los que disciernen la voluntad de Dios para el territorio. Estos pastores, aunque deben liderar congregaciones locales, tienen carga por el bienestar espiritual de toda la ciudad, de toda la nación. Pero para que la ciudad sea protegida, pastores, líderes espirituales y profetas de la ciudad deben ser amigos genuinos.

Aunque en muchos lugares existen consejos pastorales o asociaciones ministeriales en las que se discuten asuntos de la vida social y proyectos que beneficien a la iglesia en general, debemos elevarnos a otro nivel. Debemos pasar de una relación superficial, basada en proyectos y actividades, a una profunda y sincera dentro de un ambiente espiritual y de oración. La verdadera fuerza de unidad entre los ancianos de la ciudad es el amor mutuo.

He estado en muchas reuniones de ministros que tienen propósitos nobles, pero que no han considerado una prioridad el orar seria e intensamente por la ciudad y por las necesidades personales de cada líder.

Los ministros y líderes de la ciudad reconocen a los ancianos como personas que tienen un corazón paternal y que están produciendo un impacto espiritual positivo sobre ellas, sin importar el alcance de sus ministerios.

Estos son siervos y siervas de Dios que no piensan exclusivamente en su congregación, ministerio u organización. Son hombres y mujeres que apoyan las ideas y actividades que promueven la sanidad de la ciudad, la unidad de la iglesia y ruegan para que sean sanadas las heridas entre hermanos y de la sociedad en general. Estos son pastores, ministros y profetas de la ciudad que no han sido elegidos por las posiciones que ocupan, por sus títulos o por votaciones. A este nivel, los verdaderos líderes espirituales se reconocen a través de un mutuo discernimiento. Saben que Dios los ha llamado a conquistar su ciudad.

Los ancianos de la ciudad se distinguen porque llevan sobre sí la carga profética de su ciudad. A estos Dios les ha revelado sus intenciones y propósitos.

Estos líderes profetas, los ancianos de la ciudad, establecen como absoluta prioridad el desarrollo de una amistad genuina que les permita compartir con confianza y orar fervientemente los unos por los otros.

Los ancianos de la ciudad no son una asociación ministerial. Son herramientas poderosas en las manos de Dios para traer palabra de bendición y protección espiritual a la ciudad. Estos ancianos, sus congregaciones y ministerios, ven que el tiempo que dedican para desarrollar esta relación es una inversión necesaria para que el propósito de Dios se manifieste. La bendición espiritual de una ciudad depende de esto.

2. LOS CENTINELAS EN LOS MUROS DE LA CIUDAD

Los ancianos en las puertas no son el único grupo importante de la ciudad. Los centinelas o guardas también cuidan el bienestar espiritual y físico del pueblo. Estos son hombres y mujeres que tienen un ministerio de oración e intercesión ungido que los lleva a entender y discernir las necesidades espirituales de su ciudad. Su mayor responsabilidad es ver si algún peligro acecha y dar aviso al ejército para que se movilice y resista el ataque.

Estos son las vasijas nuevas que reciben discernimiento de Dios en los momentos de intercesión profética. Estos intercesores no oran por necesidades personales o locales. El interés de los atalayas es la ciudad, la nación. Estos son como los hombres de la ciudad que fueron al profeta Eliseo para exponerle el problema que tenían las aguas de Jericó y estuvieron junto a él cuando dio la palabra para sanarlas.

La mayor responsabilidad de los ancianos es tener contacto directo y diario con las necesidades espirituales del pueblo. Pero los centinelas o guardas deben estar lejos de las puertas, lejos del contacto diario con los ancianos y el pueblo. Deben estar en lugares altos porque desde allí tienen una perspectiva amplia y pueden ver al enemigo a la distancia. Estos centinelas normalmente estaban en atalayas, torres edificadas en las esquinas de los muros de la ciudad.

Aunque los ancianos de las puertas deben ser personas de oración, los centinelas están llamados a tener un nivel más intenso de intercesión.

«Jerusalén, sobre tus muros he puesto
centinelas que nunca callarán, ni de día ni
de noche. Ustedes, los que invocan al
Señor, no se den descanso; ni tampoco
lo dejen descansar, hasta que establezca
a Jerusalén y la convierta en
la alabanza de la tierra».
Isaías 62:6-7

Dios está dando una visión a los ancianos y centinelas de varias ciudades alrededor del mundo y es tener una «casa de oración», un edificio neutral en donde se pueda orar en un ambiente interdenominacional los siete días de la semana, las veinticuatro horas del día. La casa de oración debe ser un lugar en donde se levante continuamente oración, adoración y alabanza a Dios. Esta será la casa de los centinelas y los guardias, el lugar donde se aparten para recibir carga por su ciudad, instrucciones y estrategias para derrotar al enemigo.

Los centinelas también tenían la responsabilidad de anunciar que un mensaje venía en camino. En Isaías, la Palabra de Dios dice:

«¡Qué hermosos son, sobre los montes,
los pies del que trae buenas nuevas; del
que proclama la paz, del que anuncia
buenas noticias, del que proclama la
salvación, del que dice a Sión: "Tu Dios
reina"! ¡Escucha! Tus centinelas alzan la
voz, y juntos gritan de alegría, porque
ven con sus propios ojos que
el Señor vuelve a Sión».
Isaías 52:7-8

Los centinelas son los primeros en advertir qué tipo de noticias trae el mensajero.

«Porque así me ha dicho el Señor: "Ve y pon un
centinela, que informe de todo lo que vea. Cuando
vea carros de combate tirados por caballos, o
gente montada en asnos o en camellos, que preste
atención, mucha atención". Y el centinela gritó:
"¡Día tras día, Señor, estoy de pie en la torre; cada
noche permanezco en mi puesto de guardia!
¡Ahí viene un hombre en un carro de combate
tirado por caballos! Y éste es su mensaje: '¡Ha
caído, ha caído Babilonia! ¡Todas las imágenes de
sus dioses han rodado por el suelo!'" Pueblo mío,
trillado como el trigo, yo te he anunciado lo que
he oído de parte del Señor Todopoderoso, del
Dios de Israel».
Isaías 21:6-10

«Pero el pueblo de Israel no va a
escucharte porque no quiere obedecerme.
Todo el pueblo de Israel es terco y obstinado».
Ezequiel 3:17

«Ahora bien, si el centinela ve que se acerca
el enemigo y no toca la trompeta para
prevenir al pueblo, y viene la espada y mata
a alguien, esa persona perecerá por su
maldad, pero al centinela yo le
pediré cuentas de esa muerte».
Ezequiel 33:6

En este tiempo Dios está levantando atalayas, centinelas, guardias de la ciudad que verán anticipadamente lo que él desea hacer en nuestras ciudades y lo que el enemigo está tramando para que sus propósitos sean frustrados. Los centinelas son agentes de oración de alto nivel que avisan a los ancianos de la ciudad cuando hay peligro.

3. PLATAFORMAS PARA QUE EL MENSAJE SEA COMUNICADO

Aunque los ancianos de las puertas comiencen a desarrollar relaciones fraternales y los centinelas en el muro oren y velen, sus responsabilidades no terminan allí. Los ancianos y centinelas necesitan entender que Dios desea usar esta unidad para movilizar al cuerpo de Cristo. Dios quiere hablar en el ámbito de la ciudad, como lo indica el Nuevo Testamento. Los mensajes de Pablo y Juan no fueron dirigidos a las iglesias de la ciudad. Fueron dados a *la Iglesia* de la ciudad, a todo el cuerpo de Cristo. Si los ancianos profetas y los centinelas intercesores reciben revelación de los propósitos de Dios, los retienen secretamente en sus círculos y no los comunican a toda la Iglesia en la ciudad, no se logrará mucho.

Cada ciudad tiene un clima espiritual distinto, sus necesidades son diferentes. Por eso el cuerpo de Cristo en cada ciudad debe reunirse y juntos oír al Espíritu Santo.

Los ancianos de las puertas y los centinelas del muro son los que deben convocar al pueblo a estos eventos, y asegurarse de que no se conviertan en encuentros sin propósito. He visto suceder esto muchas veces. Se realizan actividades para recaudar fondos, promover ministerios y hasta para demostrar que los cristianos pueden llenar estadios o auditorios. El pueblo de Dios no necesita ser entretenido ni usado, necesita ser preparado para la conquista. Este debe ser el verdadero propósito de cada encuentro.

También he visto cómo usan los medios de comunicación para promoción personal e institucional. Los medios de comunicación son plataformas para cumplir dos propósitos específicos: primero, para la evangelización de la ciudad con un mensaje directo al inconverso y, segundo, para movilizar al ejército de Dios para la sanidad y la toma de la ciudad con directivas del Espíritu que beneficien a todo el cuerpo de Cristo y no solo a una parte de él.

> «Sin embargo, gracias a Dios que en
> Cristo siempre nos lleva triunfantes y,
> por medio de nosotros, esparce por
> todas partes la fragancia de su conocimiento.
> Porque para Dios nosotros somos el
> aroma de Cristo entre los que se salvan
> y entre los que se pierden».
> 2 Corintios 2:14-15

En mis quince años de experiencia como comunicador radial, he aprendido que los creyentes anhelan oír a sus líderes espirituales con palabras de ánimo y fortaleza. Las iglesias se fortalecen cuando se les enseña, se les ministra constantemente el mensaje de victoria y autoridad que Jesús da a su pueblo.

Pablo le dice a la Iglesia de Corinto que en Jesús siempre tenemos victoria. La victoria se manifestará siempre y en todo lugar. Este es el mensaje que se debe comunicar: Donde el cuerpo de Cristo esté presente, el olor de su conocimiento será esparcido. El ejército de Dios manifestará la fragancia de la victoria que Cristo logró en la cruz del Calvario, avergonzando a los principados, anulando el acta de los decretos que nos acusaba y estableciendo su autoridad sobre la muerte.

> «Él mismo constituyó a unos, apóstoles;
> a otros, profetas; a otros, evangelistas; y
> a otros, pastores y maestros, a fin de
> capacitar al pueblo de Dios para la obra de
> servicio, para edificar el cuerpo de Cristo».
> Efesios 4:11-12

Los ancianos de la ciudad son los que deben usar las plataformas públicas para perfeccionar al cuerpo de Cristo y que sus miembros lleven adelante la obra.

La palabra «perfeccionar» era usada por los médicos del primer siglo para describir la maniobra de «encajar» un hueso quebrado y ponerlo en su lugar. Los ministerios de la ciudad deben llevar a la Iglesia de la ciudad hacia la posición que Dios le ha dado, un lugar de autoridad y un ministerio de sanidad y salvación.

Toda ciudad necesita desarrollar eventos masivos cuyo objetivo principal sea declarar las instrucciones que Dios está dando a los ancianos de las puertas a través de los atalayas del muro. Es bueno invitar a predicadores provenientes de otros lugares pero nadie tendrá la carga y la visión que tienen los líderes locales, pastores, profetas, ancianos y atalayas de la ciudad. Estos eventos son plataformas del Espíritu Santo para avivar el fuego en el corazón de la Iglesia e impulsarla a orar y a creer en las promesas de Dios. Aunque eso ya está sucediendo, oremos para que siga creciendo.

4. EVANGELISMO, LA SALVACIÓN DE LAS ALMAS

Cuando la iglesia ora, el Espíritu Santo nunca olvida recordarnos lo que el Padre siente por los perdidos.

Los ministerios evangelísticos deben ser debidamente apoyados por los ancianos y los centinelas de la ciudad. Cuando estos ministerios actúan juntos, los resultados son impresionantes. Si un proyecto evangelístico se realiza con el apoyo de los líderes espirituales y atalayas locales, con estrategias apropiadas, en el lugar adecuado y con un ejército movilizado para recoger la cosecha, los resultados siempre serán positivos.

Ministerios o líderes aislados del liderazgo espiritual de la ciudad no producen frutos. He visto llegar a la ciudad ministerios nacionales e internacionales con muchos recursos y no logran tocar el corazón de la gente a través de sus actividades por no tener comunicación espiritual con los que verdaderamente conocen y viven la situación local. Aunque Dios siempre respalda su Palabra, los resultados no son los mejores, y los recursos y esfuerzos no se aprovechan al máximo.

Este es el tiempo en el que Dios está levantando a las vasijas nuevas para que oren por la salvación de millones de almas, el crecimiento de la Iglesia en toda la ciudad, y la sanidad de sus ciudades. Este es un sentir de acuerdo al corazón de Dios. Es la declaración profética llena de sal que hacen las vasijas nuevas sobre las multitudes de su ciudad.

Usando esta estrategia de oración, el Espíritu revelará los lugares y el tiempo indicado para llevar adelante los proyectos evangelísticos. En ciertas ciudades, las actividades masivas son bien recibidas por la gente, pero en otros lugares no. El Espíritu Santo es el único que conoce esto y él está buscando revelarlas al cuerpo de Cristo, no a unos pocos. Estas son las verdades que él desea que oigamos a través de sus líderes, de los centinelas que están en los muros de la ciudad.

Estoy convencido de que la Iglesia no evangeliza porque no ha visto resultados de sus esfuerzos, no porque no tenga carga por las almas. Un pescador, aun contando con el mejor equipo, dejará de pescar si pasa horas y días sin conseguir nada. Pero si por el contrario, tiene una buena pesca, volverá todos los días. Así es el evangelismo. No hay nada más emocionante que ver multitudes de almas venir a los pies de Cristo. Esto se logra a través de la oración ferviente de los ancianos, centinelas y el ejército de la ciudad, usando las estrategias reveladas por el Espíritu y ejecutándolas en unidad.

5. DEMOSTRACIONES PRÁCTICAS: SOLUCIONES A PROBLEMAS DE LA CIUDAD

El mayor deseo del Padre es que todos vengan al arrepentimiento y crean en su Hijo Jesucristo. Pero ese no es su único deseo. Todo el que comienza a orar por su ciudad recibirá carga por los necesitados. El corazón del Padre está lleno de compasión, misericordia y justicia.

No estoy hablando del «evangelio social» que las iglesias protestantes históricas han predicado. La iglesia evangélica, reaccionando contra esto, ha ignorado las necesidades de la gente, especialmente de aquellos que viven bajo la opresión de un sistema ambicioso y explotador. Si queremos ser cristianos bíblicos, nuestra relación personal con Jesucristo nos debe llevar a compartir su compasión con los pobres y oprimidos.

Aun Isaías 58 refiriéndose al «ayuno que agrada a Dios», nos habla de compartir con los necesitados:

> «El ayuno que he escogido, ¿no es más bien
> romper las cadenas de injusticia y desatar las
> correas del yugo, poner en libertad a los
> oprimidos y romper toda atadura? ¿No es
> acaso el ayuno compartir tu pan con el
> hambriento y dar refugio a los pobres sin
> techo, vestir al desnudo y no dejar de lado
> a tus semejantes?»
> Isaías 58:6-7

Dios desea que las iglesias más pudientes de la ciudad ayuden a los más necesitados, especialmente a los de la familia de Dios y luego a la comunidad en general. Dios desea que las iglesias con más recursos compartan proyectos y se relacionen más con aquellas congregaciones menos pudientes. Dios desea que no solo se comparta ayuda material sino también recursos humanos, ayuda técnica, profesional y ministerial. Todos los talentos que la Iglesia necesita para su desarrollo ya han sido dados al cuerpo.

El Espíritu de Dios ha estado despertando en el corazón de muchos líderes cristianos la necesidad de prestar ayuda en el área social. Hasta ahora, las necesidades fueron suplidas por organizaciones religiosas que solo trabajan en esta área.

Pero Dios desea levantar ministerios como el del pastor Harold Caballeros, de Guatemala, que implantó un programa educacional a través del establecimiento de escuelas y universidades para entrenar a hombres y mujeres que tengan una cosmovisión cristiana para impactar a sus naciones.

Estamos viendo cómo se edifican hospitales en las naciones más pobres de la tierra a través del ministerio dirigido por Franklin Graham, hijo del evangelista Billy Graham, proveyendo personal médico y medicinas. Cuando el personal de estos hospitales presenta el Evangelio de Jesucristo, lo hace con una Biblia en una mano y medicinas en la otra.

Dios está levantando gente alrededor del mundo para edificar viviendas, edificios multifamiliares a través de sus donaciones y trabajo material. He visto cómo empresas y profesionales donan materiales de construcción, comida, ropa y hasta sus servicios para suplir la necesidad de aquellos que no tienen vivienda, y todo eso sin perseguir lucro.

Usted me dirá: ¡Eso en mi ciudad nunca sucederá! ¿Cómo lo sabe? ¿Lo ha intentado? Si se hace con la bendición de los líderes espirituales de la ciudad y con el apoyo de los intercesores, Dios moverá a empresarios, comerciantes y a todos aquellos que sean útiles para sus propósitos.

Me he encontrado con hermanos humildes que han ideado productos que no pueden materializar por falta de fondos. ¡Qué sorpresa nos llevaremos cuando veamos desarrolladas todas estas ideas y proyectos para bendición del reino de Dios!

Oremos para que Dios reparta ideas y no caigan en manos de hombres que solo vean por sus propios intereses. Estas ideas están reservadas a aquellos puros de corazón que no piensan solo en sus beneficios.

Finalmente, el pueblo de Dios deberá orar fervientemente para que el gobierno de Dios se establezca con justicia y con juicio. Debemos orar para que el aborto, la homosexualidad, la venta de drogas, la prostitución, la inmoralidad y todo lo que es abominación a Dios desaparezca. Debemos orar para que la justicia de Dios se manifieste entre los oprimidos, los refugiados y en los inmigrantes que han dejado su ciudad buscando un mejor futuro. Como dice el salmista:

«La justicia y el derecho son el
fundamento de tu trono, y tus
heraldos, el amor y la verdad».
Salmo 89:14

El enemigo de las estrategias de Dios tratará de fomentar el temor y la inseguridad para que una efectiva unidad entre los ancianos de la puerta, los centinelas, los evangelistas y los ministerios de ayuda social no se concrete. Por ese motivo, muchos ministerios han trabajado aislados y las ciudades todavía no han visto una clara manifestación de la sabiduría que él derrama sobre el cuerpo de Cristo. Esta es la sabiduría que José recibió para traer prosperidad a la casa de Potifar y al reino de Egipto. Esta fue la sabiduría que recibió Moisés para gobernar a más de dos millones de israelitas en el desierto. Esta fue la sabiduría que tuvo el rey Salomón, la reina Ester, el profeta Daniel y Nehemías. La sabiduría del reino aplicada a la vida cotidiana trae bendición y paz.

«La bendición del Señor trae riquezas,
y nada se gana con preocuparse».
Proverbios 10:22

«La bendición de los justos
enaltece a la ciudad, pero la boca de
los malvados la destruye».
Proverbios 11:11

La guerra espiritual por nuestras ciudades es cruenta y nuestro enemigo no descansa. Necesitamos a toda la iglesia para tomar la ciudad. Necesitamos comunicarnos entre los ancianos y los centinelas, entre los evangelistas y los ministros de ayuda social, entre los intercesores y los maestros, entre los generales y los soldados. Necesitamos coordinar el plan de ataque, cada uno en su puesto y haciendo su parte. Los levitas de Dios están alistándose. Necesitamos coordinación. Necesitamos que los ancianos, los profetas de la ciudad tomen su posición de responsabilidad en las puertas de su ciudad. Necesitamos que los ancianos establezcan y apoyen a los intercesores que orarán y traerán la revelación de Dios para que los ancianos tomen las decisiones apropiadas. Necesitamos que los ancianos de la ciudad conduzcan a todo el ejército de Dios para tomar autoridad espiritual y sanar a su ciudad.

«El sabio conquista la ciudad de los
valientes y derriba el baluarte en
que ellos confiaban».
Proverbios 21:22

«El afán sin conocimiento no vale nada;
mucho yerra quien mucho corre».
Proverbios 19:2

«La guerra se hace con buena estrategia;
la victoria se alcanza con muchos
consejeros».
Proverbios 24:6

La toma de una ciudad se debe hacer con estrategias de largo alcance. Oremos por lo siguiente:

•Por el fortalecimiento de las relaciones amistosas y fraternales entre los líderes espirituales y pastores ancianos en la puerta de la ciudad. Oremos para que estas amistades salten las barreras étnicas y nacionales, económicas y denominacionales. Oremos para que los ancianos en las puertas de la ciudad ejerciten su autoridad espiritual a través del discernimiento y la oración unida para que nada destructivo penetre los muros de la ciudad.

•Para que los líderes espirituales fluyan en unidad con los centinelas, con los siervos y siervas de Dios que tienen unción profética para discernir los peligros y las bendiciones que se acercan al pueblo de Dios.

•Para que, en un ambiente de oración y de revelación, surjan evangelistas que lideren al cuerpo de Cristo en la ciudad para levantar una cosecha abundante de almas.

•Para que los ancianos de la ciudad nos guíen a compartir la compasión de Cristo con los necesitados, recibiendo estrategias para alimentar, edificar y proveer en áreas de necesidad.

Creo firmemente que si comenzamos a dar estos pasos, Dios levantará en nuestras ciudades un ejército de vasijas nuevas, levitas poderosos que manifestarán la sabiduría de Dios bajo la protección espiritual de los ancianos de las puertas y fortalecidos por la intercesión de los centinelas de la ciudad.

LA GLORIA FINAL

Las promesas de Dios se hicieron para cumplirse.

Dios le prometió a Abraham una descendencia numerosa. Le prometió un hijo, pero además Abraham recibió la promesa de una nación. Esa nación es Israel.

«Haré de ti una nación grande, y te bendeciré; haré
famoso tu nombre, y serás una bendición».
Génesis 12:2

Luego de esa promesa, Abraham vivió como forastero en la misma tierra que Dios le prometió.

«Por la fe se radicó como extranjero en la tierra
prometida, y habitó en tiendas de campaña con Isaac
y Jacob, herederos también de la misma promesa».
Hebreos 11:9

Después de vivir cuatrocientos años como esclavos, Dios renovó la promesa hecha a Abraham y sacó a Israel de Egipto para llevarlos finalmente a Canaán, la tierra prometida. Bajo el liderazgo de Moisés, este pueblo comenzó a caminar hacia el destino de la promesa, la tierra donde fluía leche y miel.

«Así que he descendido para librarlos del
poder de los egipcios y sa carlos de ese
país, para llevarlos a una tierra buena y
espaciosa, tierra donde abundan la
leche y la miel. Me refiero al país de los
cananeos, hititas, amorreos, ferezeos,
heveos y jebuseos».
Éxodo 3:8

Al enfrentarse al Mar Rojo, Israel murmuró. Cuando el pueblo vio que el ejército del Faraón venía tras ellos para obligarlos a volver a la esclavitud, volvió a murmurar.

«Moisés les ordenó a los israelitas que
partieran del Mar Rojo y se internaran
en el desierto de Sur. Y los israelitas
anduvieron tres días por el desierto sin
hallar agua. Llegaron a Mara, lugar que se
llama así porque sus aguas son amargas,
y no pudieron apagar su sed allí.
Comenzaron entonces a murmurar
en contra de Moisés, y preguntaban:
"¿Qué vamos a beber?"»
Éxodo 15:22-24

«En sus murmuraciones contra
Moisés y Aarón, la comunidad decía:
"¡Cómo quisiéramos haber muerto
en Egipto! ¡Más nos valdría morir
en este desierto!"»
Números 14:2

Dios fue misericordioso y los salvó. Pero antes de entrar en la tierra prometida, enviaron a diez espías para reconocerla. Estos regresaron con un reporte negativo: había gigantes en la tierra. Entonces Israel murmuró y no creyó. Debido a esta continua actitud de murmuración e incredulidad, Israel vagó por el desierto cuarenta años.

La murmuración es el idioma que hablan los incrédulos. Ellos son los que habiendo recibido la promesa de Dios, ven las circunstancias y pierden la fe.

Creo en la promesa de Dios para las naciones. Dios sanará a las naciones. Y los hijos e hijas de Dios recibirán su herencia: verán a Jesucristo glorificado y exaltado en las naciones. Verán a los pueblos libres de las ataduras del diablo y dispuestos a oír el evangelio del reino.

¿Ha creído en las promesas que él ha hecho a su nación? ¿Le ha creído usted a Dios? Las circunstancias son adversas, lo sabemos, pero ¿cuál es su actitud? ¿Está murmurando? ¿Está haciendo los mismos comentarios que hace la gente que no conoce a Dios, que no tiene fe en sus promesas?

El lenguaje de las vasijas nuevas que Dios está usando para sanar a las naciones es la alabanza. La murmuración sale de la boca de los incrédulos. La alabanza fluye de los labios de los hombres y mujeres de fe. Nuestra fe no depende de las circunstancias sino que está fundamentada en la Palabra de Dios. ¡Pasaremos al otro lado!

1. Disciplinemos el corazón para alabar a Dios continuamente frente a la realidad adversa de nuestra nación

El trayecto de Egipto a Canaán podría haberse hecho en dos semanas. Pero a causa de la incredulidad, entraron a la tierra prometida cuarenta años después. La generación que salió de Egipto murió sin disfrutarla.

Entre la promesa y su cumplimiento, siempre habrá desiertos que atravesar. Los desiertos fortalecen nuestra fe.

> «Hermanos míos, considérense muy dichosos
> cuando tengan que enfrentarse con diversas
> pruebas, pues ya saben que la prueba de su fe
> produce constancia. Y la constancia debe llevar
> a feliz término la obra, para que sean perfectos
> e íntegros, sin que les falte nada».
> Santiago 1:2-4

Los desiertos de Dios son diseñados para fortalecer en fe a los que creen sus promesas. Los tiempos de espera para que sus promesas se cumplan desarrollan nuestra paciencia. La paciencia produce madurez.

Si la alabanza es el idioma de la fe, la paciencia es el comportamiento de los hijos e hijas de Dios. Si la alabanza es el lenguaje de la fe, la paciencia es la evidencia de tal fe.

> «No sean perezosos; más bien,
> imiten a quienes por su fe y
> paciencia heredan las promesas».
> Hebreos 6:12

2. Regocijémonos frente a la crisis de nuestra nación para que nuestra vida alcance madurez

Dios promete que a los maduros y pacientes no les faltará nada. Él suplirá todas sus necesidades conforme a sus riquezas en gloria.

Dios le prometió a Abraham un hijo, pero él no supo esperar y tuvo un hijo con su esclava Agar. De esa unión nació Ismael. Sus descendientes son los actuales árabes que por siglos han estado en enemistad con Israel.

Israel no tuvo paciencia y no esperó que Moisés descendiera del Monte Sinaí con las instrucciones de Dios. Esa impaciencia hizo que Israel cayera en idolatría.

Después de entrar a la tierra prometida, Israel no tuvo paciencia para conquistar toda la tierra e hizo alianzas con los pueblos paganos. Las alianzas de Israel con los pueblos de Canaán produjeron guerras y el pueblo de Dios no pudo vivir en paz.

Cuando perdemos la paciencia, el tentador viene a ofrecernos una solución rápida y fuera de la voluntad de Dios para desviarnos de su propósito.

3. No nos involucremos en acciones políticas y sociales que prometen traer soluciones a nuestra nación

He visto a líderes cristianos involucrarse en movimientos políticos creyendo que a través de ideologías, alianzas y partidos ayudarán a su nación.

No nos mezclemos en planes de hombres por muy bien intencionados que parezcan. Esperemos que el Señor manifieste su unción sobre los líderes espirituales de la nación y que estos instruyan a los hijos e hijas de Dios para que lleven sanidad a sus naciones.

Dios le ha entregado a su Hijo Jesucristo las naciones como su herencia. Son su posesión.

«"He establecido a mi rey sobre Sión, mi santo monte". Yo proclamaré el decreto del Señor: "Tú eres mi hijo", me ha dicho; "hoy mismo te he engendrado. Pídeme, y como herencia te entregaré las naciones; ¡tuyos serán los confines de la tierra!"»
Salmos 2:6-8

Esto es una realidad, sucedió hace dos mil años.

«Así dijo el Señor a mi Señor: "Siéntate a mi derecha hasta que ponga a tus enemigos por estrado de tus pies". ¡Que el Señor extienda desde Sión el poder de tu cetro! ¡Domina tú en medio de tus enemigos!»
Salmo 110:1-2

«"A este Jesús, Dios lo resucitó, y de ello
todos nosotros somos testigos. Exaltado
por el poder de Dios, y habiendo recibido
del Padre el Espíritu Santo prometido, ha
derramado esto que ustedes ahora ven
y oyen. David no subió al cielo, y sin
embargo declaró: 'Dijo el Señor a mi
Señor: Siéntate a mi derecha, hasta que
ponga a tus enemigos por estrado de tus
pies'. Por tanto, sépalo bien todo Israel que
a este Jesús, a quien ustedes
crucificaron, Dios lo ha hecho Señor
y Mesías"».
Hechos 2:32-36

Cuando Pedro predicó a la multitud reunida en el día de Pentecostés, declaró que esta exaltación que David describe en el Salmo 110 se cumplió cuando Dios resucitó a Cristo de los muertos
y lo sentó a su diestra.

Jesús es el Rey de las naciones. Esta es la confianza que debemos tener. No podemos dudar, no podemos perder la paciencia.
Nuestra boca debe declarar esta verdad. Jesús reclamará su herencia a todas las naciones de la tierra.

«Por tanto, también nosotros, que
estamos rodeados de una multitud tan grande
de testigos, despojémonos del lastre que nos
estorba, en especial del pecado que nos
asedia, y corramos con perseverancia la
carrera que tenemos por delante. Fijemos la
mirada en Jesús, el iniciador y perfeccionador
de nuestra fe, quien por el gozo que le
esperaba, soportó la cruz, menospreciando la
vergüenza que ella significaba, y ahora está
sentado a la derecha del trono de Dios».
Hebreos 12:1-2

¡Cuidado! Nuestros ojos deben estar puestos en Jesucristo, el Rey que ya está sentado a la diestra del trono de Dios y tiene autoridad para someter a todos sus enemigos debajo de sus pies. Por eso seguimos corriendo, porque creemos que a pesar de las circunstancias adversas que viven nuestras naciones, veremos esta promesa cumplida. Jesús sabía lo que le esperaba y nosotros también. Las naciones serán sanas, las obras del diablo serán destruidas.

«Simón nos ha expuesto cómo Dios
desde el principio tuvo a bien escoger
de entre los gentiles un pueblo para
honra de su nombre».
Hechos 15:14

De la misma manera que el Espíritu Santo se derramó sobre los gentiles en el primer siglo, Dios se manifestará en todas las naciones para tomar a los que serán parte de su pueblo, la novia de su Hijo Jesucristo.

¿Qué sucederá mientras esperamos esta gran manifestación de Dios? Observe esta perspectiva profética.

«Tengan cuidado de no rechazar al
que habla, pues si no escaparon
aquellos que rechazaron al que los
amonestaba en la tierra, mucho
menos escaparemos nosotros si le
volvemos la espalda al que nos
amonesta desde el cielo. En aquella
ocasión, su voz conmovió la tierra,
pero ahora ha prometido: "Una vez
más haré que se estremezca no sólo
la tierra sino también el cielo"».
Hebreos 12:25-26

Las naciones se sacudirán aun más

El escritor de la Epístola a los Hebreos compara el sacudimiento que ha comenzado en las naciones con el que Moisés experimentó en el monte Sinaí cuando recibió la ley.

«El monte estaba cubierto de humo,
porque el Señor había descendido
sobre él en medio de fuego. Era tanto
el humo que salía del monte, que
parecía un horno; todo el monte
se sacudía violentamente».
Éxodo 19:18

El monte temblaba porque Dios estaba estableciendo su pacto con Israel. Dios se manifestó de diferentes maneras a su pueblo, pero esta vez su presencia sacudía el lugar en donde estaba. ¿Qué significado tiene esto? Cuando Dios sacude con su presencia está cambiando algo.

Cuando Jesús estableció el nuevo pacto en su sangre, la tierra también tembló.

«En ese momento la cortina del
santuario del templo se rasgó en dos,
de arriba abajo. La tierra tembló
y se partieron las rocas».
Mateo 27:51

Cuando tembló la tierra, los sepulcros se abrieron y muchos de los que habían muerto, resucitaron. Durante el primer pacto, el temblor del Sinaí produjo terror. Pero el temblor del nuevo pacto produjo algo más.

«Cuando el centurión y los que con él estaban
custodiando a Jesús vieron el terremoto y todo
lo que había sucedido, quedaron aterrados y
exclamaron: —¡Verdaderamente éste era
el Hijo de Dios!»
Mateo 27:54

El temblor produjo una confesión: ¡Jesucristo es el Hijo de Dios!

Los sacudimientos que vendrán sobre las naciones causarán el mismo efecto. Los pueblo tendrán que reconocer que Jesucristo es el Hijo de Dios, la única, total y final revelación del verdadero Dios a la humanidad.

No se atemorice por este aviso. El sacudimiento que experimentarán las naciones producirá un cambio. La gente buscará a Jesús, al Hijo de Dios.

«...porque así dice el Señor Todopoderoso:
"Dentro de muy poco haré que se
estremezcan los cielos y la tierra, el mar
y la tierra firme; ¡haré temblar a todas las
naciones! Sus riquezas llegarán aquí, y así
llenaré de esplendor esta casa..."»
Hageo 2:6-7

Maneras en que Dios llevará a cabo su plan

a. Dios sacudirá «el cielo»

Cuando Dios habla acerca de su morada la describe como «los cielos». La palabra profética dice que él sacudirá el cielo, la atmósfera, el universo y las estrellas. Veremos en estos próximos días un aumento considerable de fenómenos naturales, cambios en la atmósfera que producirán disturbios en la tierra. Estos fenómenos se han dado a lo largo de la historia de la humanidad, y aunque causaron fuertes impactos en la vida de los pueblos, no podrá compararse con los que se verán en los próximos años. Estas manifestaciones celestiales impactarán las economías, causarán temor en los pueblos y producirán un nuevo interés en las cosas de Dios.

b. Dios sacudirá «la tierra»

Cuando Dios habla acerca de la tierra en contraste con el cielo, se refiere al suelo, al territorio, a la superficie de este planeta. Esta palabra profética nos dice que veremos un aumento de terremotos y erupciones volcánicas. Muchos comentan que estos avisos no tienen mucho significado porque siempre ha habido terremotos. La diferencia es que estos terremotos y cataclismos causarán mucho más daño, mucha más destrucción que los anteriores. Un terremoto puede causar la total destrucción de una ciudad y hasta de una región. Es el caso de California, Estados Unidos. Si por la falla de San Andrés se desprendiera parte de ese estado, la ciudad de Los Ángeles quedaría totalmente destruida.

Si la tragedia del 11 de septiembre produjo una crisis tan grave, imagínese lo que sucedería si varios terremotos sacudieran a las ciudades más importantes.

Repito, estos sacudimientos harán que la gente tenga un nuevo interés por las cosas de Dios. Este es el propósito, que la gente confiese que Jesús es el Hijo de Dios como lo hiciera el centurión romano al pie de la cruz.

c. Dios sacudirá «el mar»

Las aguas, los océanos, lagos y ríos serán sacudidos. Al cerrar la edición de este libro, recibimos reportes de científicos que estudian el comportamiento de las corrientes del Océano Atlántico. Estas corrientes son las que transportan aguas frías y calientes a distintas partes del Continente Americano y a las costas de Europa. Las aguas del Atlántico contienen una determinada cantidad de sal. La sal es pesada y por lo tanto hace que las corrientes se sumerjan y se muevan más fácilmente a varios metros de profundidad. Estas corrientes siempre se han movido en direcciones previstas, llevando temperaturas frías durante el invierno y calientes durante el verano. Debido a un incremento de agua fría que proviene de los deshielos de la Antártida y del Ártico, se redujo la cantidad de sal en el Atlántico, haciendo que las aguas del océano pierdan su densidad. Las corrientes por lo tanto, no se están moviendo en las mismas direcciones. Los científicos están anticipando un cambio drástico en las temperaturas de las naciones de Europa y pronostican que los veranos serán más fríos. Las temperaturas al sur del continente americano serán más cálidas.

En estos días hemos oído la información de que una superficie helada de casi noventa kilómetros de ancho y trescientos metros de profundidad se ha desprendido de la Antártida como consecuencia del cambio producido en las corrientes. Por el otro lado, en el norte, el hielo sigue creciendo debido a que las corrientes cálidas no están alcanzando a la región escandinava.

Cuando Dios dice que los mares serán sacudidos significa que algo cambiará en el comportamiento normal de las aguas de este planeta. La ciencia nos dice que los cambios en el cielo producen alteraciones en los mares. El comportamiento de la luna afecta a la marea. Debido a los sacudimientos en el cielo y la tierra veremos también mayores disturbios en las aguas.

d. Dios sacudirá la «tierra seca»

La tierra seca es la que se usa para sembrar, para edificar, para habitar. Cuando el cielo es sacudido, la tierra tiembla y los mares se turban, finalmente los campos y las áreas habitables son afectados. Esto trae como consecuencia crisis en la agricultura, la ganadería, la alimentación y, por ende, en el orden normal de la vida.

e. Dios hará temblar a las naciones

Cada vez que en la Biblia se menciona la palabra nación, *goyim*, se hace referencia a todas las naciones gentiles de la tierra. Por primera vez en la historia de la humanidad, una crisis nacional puede afectar a muchas naciones de la tierra.

Es importante indicar que estos sacudimientos no tienen un propósito de juicio. Muchas veces asumimos que Dios pierde su paciencia debido al pecado y desata su ira manifestada en sus juicios. Un día, según Apocalipsis, Dios destruirá a sus enemigos y a las naciones que se levantaron con todos sus ejércitos para destruir su creación. Pero en este tiempo de gracia, Dios permite estos sacudimientos para que la gloria de su Hijo Jesús sea conocida en las naciones. Hageo lo describe así:

> «Y haré temblar a todas las naciones,
> y vendrá el Deseado de todas las
> naciones; y llenaré de gloria esta casa,
> ha dicho Jehová de los ejércitos».
> Hageo 2:7 (RVR 60).

EL DESEADO DE LAS NACIONES VENDRÁ

En la traducción del hebreo al griego del versículo de Hageo, se usa la expresión «lo llamado, lo escogido». Esta se usaba para hablar de los vasos escogidos para el servicio de Jehová en el tabernáculo y en el Templo de Jerusalén. Estos vasos estaban separados para un uso santo.

En Hageo dice que «lo deseado» se aparecerá a las naciones. Es la misma palabra que usa Pedro en su primera epístola, capítulo 2, versículo 6:

> «Así dice la Escritura: "Miren que
> pongo en Sión una piedra principal
> *escogida* y preciosa, y el que confíe en
> ella no será jamás defraudado"».

¿Quién es el deseado de las naciones? El escogido de Dios, la piedra preciosa, Jesucristo, el Hijo de Dios. Pero aquí no termina la explicación. La palabra «deseo» en griego es *eklektos*, que significa «lo escogido, lo separado». Este vocablo griego es también la raíz de la palabra «iglesia»: los escogidos, los llamados, los deseados y los separados de Dios en la tierra.

Entonces Hageo no solo dice que Jesús se aparecerá a las naciones, sino que la Iglesia, los escogidos de Dios, se manifestarán en la tierra. Los deseados de las naciones (los escogidos por Dios en las naciones) se manifestarán y serán vistos como la evidencia de la gracia y misericordia de Dios. La Iglesia de Cristo será «la elegida» para mostrar el poder y la virtud salvadora y sanadora de Jesús.

LA CASA DE DIOS SERÁ LLENA DE SU GLORIA

Estamos aguardando el cumplimiento de esta promesa. La Iglesia de Cristo será llena de la gloria de Dios y él brillará en su trono como cabeza de su cuerpo. No habrá nombres ni ministerios que sobresalgan. Él brillará y será adorado en y por su Iglesia. Esta entonará el cántico que los levitas pronunciaron cuando se inauguró el templo que edificó Salomón.

> «Los trompetistas y los cantores alababan
> y daban gracias al Señor al son de
> trompetas, címbalos y otros instrumentos
> musicales. Y cuando tocaron y cantaron al
> unísono: "El Señor es bueno; su gran amor
> perdura para siempre", una nube cubrió el
> templo del Señor. Por causa de la nube, los
> sacerdotes no pudieron celebrar el culto,
> pues la gloria del Señor había
> llenado el templo».
> 2 Crónicas 5:13-14

La manifestación de la gloria de Dios en su Iglesia no solo traerá beneficios y bendición para ella, sino que producirá algo grandioso en las naciones.

> «"Mía es la plata, y mío es el oro",
> afirma el Señor Todopoderoso».
> Hageo 2:8

Durante los sacudimientos la gente se volverá a Dios. No lo harán porque entiendan la verdad, sino por las calamidades que caerán sobre ellos. En medio de estos juicios, la Iglesia, además de experimentar la gloria de Dios, recibirá las riquezas de las naciones. Esto se vio en una escala menor después de la venida del Espíritu Santo. Los nuevos convertidos de la iglesia primitiva vendían sus propiedades y ponían todo su dinero a los pies de los apóstoles.

«Todos los creyentes estaban juntos
y tenían todo en común: vendían sus
propiedades y posesiones, y compartían
sus bienes entre sí según la necesidad de
cada uno. No dejaban de reunirse en el
templo ni un solo día. De casa en casa
partían el pan y compartían la comida con
alegría y generosidad, alabando a Dios y
disfrutando de la estimación general del
pueblo. Y cada día el Señor añadía al grupo
los que iban siendo salvos».
Hechos 2:44-47

¿Cómo sucederá esto en nuestros días?

1. Los cristianos, al ver la gloria de Dios en medio de ellos, se despojarán de todos sus bienes como lo hizo la iglesia primitiva después del día de Pentecostés. Los recursos económicos de las congregaciones crecerán muchísimo a través de las ofrendas voluntarias de los hijos e hijas de Dios.

2. Las multitudes que vendrán buscando consolación y sanidad dejarán todas sus riquezas al ser tocados y restaurados por el poder de Cristo.

3. Los ricos y poderosos de la tierra también entregarán sus riquezas porque quedará expuesta su corrupción. De la misma manera que Zaqueo devolvió el dinero que robara a los pobres, muchos de los «Zaqueos» modernos harán lo mismo. Vendrán a las congregaciones más humildes y vaciarán sus tesoros como mues-

tra de su arrepentimiento.

¿Qué hará la Iglesia con todas esas riquezas? No edificará más edificios, no gastará el dinero en bienes terrenales. La Iglesia será consciente de que está viviendo sus últimos días sobre la tierra. Entonces las riquezas de las naciones se utilizarán siguiendo el ejemplo de la iglesia primitiva: alimentará a los hambrientos, les dará techo a los desamparados y cuidará a las viudas y a los huérfanos.

«"El esplendor de esta segunda
casa será mayor que el de la
primera —dice el Señor
Todopoderoso—. Y en este lugar
concederé la paz", afirma el
Señor Todopoderoso».
Hageo 2:9

La palabra profética de Hageo se cumplirá en nuestros días. La gloria que vendrá será mucho mayor que la del día de Pentecostés cuando los ciento veinte fueron llenos del Espíritu Santo.

Dios sacude para traer cambios.

LO INCONMOVIBLE SERÁ ESTABLECIDO

«La frase "una vez más" indica la
transformación de las cosas movibles,
es decir, las creadas, para que permanezca
lo inconmovible. Así que nosotros,
que estamos recibiendo un reino
inconmovible, seamos agradecidos.
Inspirados por esta gratitud, adoremos
a Dios como a él le agrada, con temor
reverente».
Hebreos 12:27-28

Dios removerá las cosas movibles, todo lo que no esté fundamentado en la roca que es Jesucristo. En las naciones establecerá un reino inconmovible. La Iglesia no será movida por las circunstancias. Será luz a las naciones, como un faro en medio de la oscuridad.

Finalmente, ¿qué debe hacer usted mientras espera esto?

1. Sirva a Dios con gratitud, en temor y reverencia

Servir a Dios no significa simplemente trabajar en las cosas de él o ayudar a nuestro prójimo. Servir a Dios significa adorarlo, honrarlo, rendirle el culto que se merece. Adore a Dios continuamente declarando que él es bueno y que para siempre es su misericordia. No le rinda un servicio rutinario y religioso. Hágalo con una actitud de temor y reverencia. Así debe ser nuestro culto privado a Dios.

2. Ofrezca a Dios sacrificios de alabanza

Este es el fruto de labios que confiesan el nombre de Jesús frente a las situaciones más difíciles. Cuando enfrente pruebas y necesidades, rechazos y dolores, declare a los cuatro vientos su lealtad a Cristo. Aun en medio de la crisis diga: ¡Mi Redentor vive!

Así debe ser nuestro culto público a Dios.

3. Ore por su ciudad y su nación

No ore sin entendimiento. Lea los diarios, escuche las noticias. Sepa quiénes son los líderes de su ciudad. Ore por ellos. Pídale a Dios que sea misericordioso. Conozca los problemas de su pueblo, ciudad y nación. Dios le mostrará las necesidades de su tierra.

4. Declare con su boca lo que Dios ha dicho sobre su nación

Dios ha declarado bendición, sanidad y salvación sobre su tierra. Permita que la sal de la Palabra de Dios fluya de sus labios. Nunca crea lo que dicen los expertos aunque aparentemente sea la verdad. Créale a Dios. Él sanará la tierra conforme a las palabras que los hijos e hijas de Dios declaren.

5. Busque la unidad entre los hermanos

Desarrolle amistades en su congregación y con hermanos de otras iglesias de la ciudad. Abra su hogar para establecer comunión con otros. En su hogar, hable acerca de los propósitos que Dios tiene con su ciudad y su nación, y oren juntos por esos propósitos.

6. Ore con otros por la unidad de los líderes espirituales de su ciudad

En lugar de destacar la falta de unidad, ore y declare por fe que la unidad está siendo establecida. Apoye los movimientos de unidad en su ciudad y rechace todo lo que tenga un propósito individualista.

7. Mire más allá del ambiente cristiano

Considere a su trabajo, escuela y comunidad como parte de la herencia que Dios le ha dado por ser hijo e hija de él. No se conforme con recibir bendiciones en las reuniones de su iglesia. Dios quiere prosperarlo a través de su trabajo. A través de la oración de fe, el Espíritu Santo le revelará ideas y conceptos que mejorarán el funcionamiento de su empresa. Dios quiere usar sus manos para trabajar mejor. Él quiere tocar su mente para convertirlo en el mejor de su clase. Quiere usar su talento de liderato para traer soluciones a los necesitados de su comunidad.

Dios no quiere manifestar su gloria solamente en nuestros templos. Quiere manifestarla en todos los aspectos de su vida. La gloria de Dios llenará su casa. La casa de Dios no es un edificio, no es una estructura. Nosotros somos la casa de Dios, somos las piedras vivas que la forman.

8. Ore para que Dios levante profetas en su ciudad y su nación

No espere que vengan profetas de otros lugares. Dios usará a personas como Eliseo. Dios encontró al profeta trabajando en el campo. Y levantará a sus profetas de los lugares más humildes y entre aquellos que no están ociosos y buscan vivir en integridad.

9. No se desanime, alabe a Dios

Entre la promesa y la tierra prometida, Israel pasó por el desierto. Entre la palabra que Dios ha declarado sobre su nación y su cumplimiento, también hay un desierto que cruzar. ¡Pero ánimo, ya está cerca! No murmure contra su nación. No murmure contra la Iglesia. No murmure contra Dios. ¡Alábelo! La murmuración es el idioma de la incredulidad, la alabanza es el lenguaje de la fe. Tenga paciencia, Dios está por irrumpir en su nación. Los que le creen a él y a sus promesas, tienen paciencia porque son maduros.

10. Fortalezca a la próxima generación, a los jóvenes

Como adultos es fácil criticar a esta generación del tercer milenio. Parecen desinteresados, insensibles a todo. Pero Dios siempre deja lo mejor para último. Aunque para algunos es difícil de entender, esta generación tiene un corazón genuino, sencillo pero verdadero. Esta generación no soportará lo falso, lo rutinario. Dios los usará para recoger la última gran cosecha y serán los valientes que declararán su palabra a todas las naciones de la tierra sin avergonzarse.

11. No se conforme con lo que ha recibido

Quiero ver el total cumplimiento de lo que ya ha sido escrito en la Biblia. ¿Para qué pedir «cosas nuevas» que no están reveladas en las Sagradas Escrituras, cuando todavía estamos esperando el total cumplimiento de sus promesas?

Dios cumplirá su Palabra. La gloria postrera será mayor que la primera. Toda la tierra será llena del conocimiento de la gloria de Dios. Haremos cosas mayores que las que hizo nuestro Señor Jesús. Nuestras naciones serán sanas, las obras del diablo serán destruidas y las naciones serán libres para declarar que verdaderamente Jesús es el Hijo de Dios.

Si este libro ha sido de bendición para su vida,
por favor déjenos saber su testimonio escribiéndonos a:

MINISTERIO CIELOS ABIERTOS
P.O. Box 34 Butler, NJ 07405 Estados Unidos

E-mail: DavidGreco@cielosabiertos.org

Por materiales del ministerio, visite nuestro Web-Site:
www.cielosabiertos.org

Otros Materiales del Ministerio
CielosAbiertos

Audio Predicas

cuando las torres caen
conforme al corazón de Dios
la carrera de los vencedores
la generación de la conquista
la casa que Dios est· edificando
sanando la ciudad
¡no escape!

las temporadas de Dios
ven y sígueme
transfigurados en su presencia
la tribu de Judá
espíritus familiares

Vídeos

vasos en la casa del alfarero

corazones sanados

Dios, ¡Sana a mi nación!

Ministerio CielosAbiertos
P.O. Box 34 Butler, NJ 07405 Estados Unidos
e-mail: DavidGreco@cielosabiertos.org
web: www.cielosabiertos.org